Vorwort

Laut der jüngsten Studie der Beratung Simon und Kucher und der Zeitschrift absatzwirtschaft besteht ein recht eindeutiger Zusammenhang zwischen dem Erfolg eines Unternehmens und dessen Qualitäten im Vertrieb. Keine andere Abteilung hat so unmittelbaren Einfluss auf die Ertragslage eines Unternehmens und somit auf dessen Überlebens- bzw. Wachstumschancen.

Vielleicht kennen Sie das Zitat:

"Ein Unternehmen lebt nicht von dem was es produziert,

sondern von dem was es verkauft."

Wie wahr!

Unter den Praktikern hält sich hartnäckig die Meinung der Vertrieb ist ein "Bauchgeschäft". Es hat viel mit Intuition zu tun.

Diese Machermentalität führt leider auch in der Unternehmensführung zu der Erkenntnis, dass Vertriebssteuerung schwer bis gar nicht möglich ist.

Zu viele Parameter, zu viele Unwägbarkeiten, zu komplex.

Grundsätzlich ist es tatsächlich ein umfangreiches Unterfangen, doch es ist weit mehr als nur Zufall, Glück oder nur Fleiß.

Die Studien zeigen es: Gerade erfolgreiche Unternehmen kümmern sich um einen optimalen Vertrieb, um optimale Prozesse und um den kontinuierlichen Verbesserungsprozess (KVP).

Spitzenleistung im Vertrieb

In der Produktion ist dies bereits weit fortgeschritten.

Im Vertrieb stecken die meisten Firmen, aus unserer Erfahrung, noch im Anfangsstadium. In den Kinderschuhen also.

Dieses Buch möchte die Facetten der Vertriebsarbeit etwas klarstellen. Mit diesem Überblick ergeben sich für den Leser zahlreiche Ansatzpunkte den eigenen Vertrieb zu professionalisieren. Es war und ist auch Grundlage meiner Vorlesung zum Vertriebsmanagement in einigen Bachelorstudiengängen. Es stellt also einen ersten Einstieg in das Thema dar. D.h. es wird hier jeweils nur ein erster grober Überblick gegeben, um in das Thema hinein zu schnuppern.

Jeder einzelne Bereich kann als Ausgangspunkt einer Optimierung dienen. Doch auch hier ist es wie beim Lesen einer Landkarte.

Wer das Gebiet einmal überblickt, der findet seinen optimalen Weg.

Liebe/r Leser/in,

ich wünsche Ihnen viel Spaß beim Lesen und viele Anregungen Ihren Vertrieb und damit Ihr Unternehmen so erfolgreich zu gestalten, wie Sie nur können.

Ich freue mich, über Ihre Meinung und weitere Anregungen und Wünsche.

Kontakt über: www.eusera.de

oder direkt über meine persönliche E-Mail Adresse: **hmazur@eusera.de**

Ihr Hans-Gerd Mazur

Spitzenleistung im Vertrieb

Bibliografische Information der Deutschen Nationalbibliothek:

Die Deutsche Nationalbibliothek verzeichnet diese Publikation

In der Deutschen Nationalbibliografic; detailierte bibliografische

Daten sind im Internet über http://dnb.dnb.de abrufbar.

© 2017 Hans-Gerd Mazur

Herstellung und Verlag:

BoD – Books on Demand, Norderstedt

ISBN: 9783743124745

Spitzenleistung im Vertrieb

Inhaltsverzeichnis: **Seite:**

I. **Einführung** 6
   1. Grundlagen Vertriebsmanagement 6
   2. Bedeutung und Funktion des Vertriebes 8
   3. Ziele des Vertriebes 10
   4. Aufgaben des Vertriebs 10
   5. Kundenlebenszyklus 12

II. **Vertriebsstrategie** 15
   1. Perspektiven einer Vertriebsstrategie 20
   1.1 Kundenstrategie 21
   1.2 Wettbewerbsstrategie 24
   1.3 Vertriebswege- Partner 31

III. **Vertriebsorganisation** 37
   1. Organisationsformen 37
   2. Vor-Nachteile 39
   3. Schnittstellenproblematik und die interne Stellung des Vertriebes 41

IV. **Vertriebsprozesse** 44
   1. Neukundengewinnung 45
   2. Betreuungsphase 45
   3. Nachbetreuung 46

V.	**Controlling und Steuerung im Vertrieb**	48
	1. Analysemethoden	49
	2. Kennzahlen im Vertrieb	53
VI.	**Besonderheiten im Dienstleistungsvertrieb**	55
	1. Dienstleistungsqualität	58
	2. Gap Analyse	61
VII.	**Die Verkäuferpersönlichkeit als Erfolgsfaktor im Vertrieb**	65
	1. Persönlichkeitsmerkmale	67
	2. Soziale Kompetenz	68
	3. Fachkompetenz	72
	4. Kundentypisierung	77
VIII.	**Das Verkaufsgespräch**	79
IX.	Personalentwicklung im Vertrieb	81
	1. Verkäufertypologie	83
	2. Kernelemente der Personalentwicklung	84
X.	**Fazit**	85
XI.	**Literaturverzeichnis**	86
XII.	**Kurzvita Hans-Gerd Mazur**	**87**

Spitzenleistung im Vertrieb

Abb.1 Überblick über Vertriebsaufgaben

I. Einführung:

1 Grundlagen Vertriebsmanagement.

Wer in der Literatur nach der Definition des Begriffes „Vertriebsmanagement" sucht, stellt fest, dass es viele unterschiedliche Definitionen zu diesem Bereich gibt.

Zerlegen wir den Begriff in seine Einzelteile, so bedeutet <u>Vertrieb</u>:

Die Summe aller Aktivitäten und Maßnahmen, die dazu dienen das Angebot des Unternehmens, sprich die Produkte und Dienstleistungen dem Markt zur Verfügung zu stellen.

Spitzenleistung im Vertrieb

Bei dem Begriff des Managements handelt sich um eine **duale Begriffsauffassung**.

Erstens wird eine Gruppe von Menschen mit Führungskompetenzen als Management bezeichnet. (**Management als Institution**) Zum Zweiten werden die typischen Managementaufgaben wie, Planen, Organisieren und Kontrollieren so bezeichnet (**Management als Funktion**).

Der Begriff des Marketing taucht in diesem Zusammenhang ebenfalls häufig auf. Seine Bedeutung ist allerdings streng wissenschaftlich betrachtet viel weitgehender und soll hier kurz erwähnt werden.

Unter Marketing wird die „marktorientierte Unternehmensführung" verstanden. Das bedeutet, dass das Marketing, eigentlich eine bestimmte Art der Unternehmensführung darstellt. Somit ist der Begriff des Marketing, streng genommen,
auf einer ganz anderen Ebene einzuordnen. Gleichzeitig stellt es aber in der Praxis häufig nur eine eigene Unternehmensfunktion (sprich: Abteilung) dar. Die Marketingabteilung kümmert sich um die Marktansprache und unterstützt den Vertrieb.

2 Bedeutung und Funktion des Vertriebes:

Der Vertrieb gehört heute, neben der Produktion, zu den Kernfunktionen aller wirtschaftlich, orientierten Unternehmen. Egal wie gut das Produkt oder die Dienstleistung des Unternehmens auch ist, sie muss auf jeden Fall am Markt etabliert, sprich: bekannt gemacht und natürlich verkauft werden. Nur so lassen sich Ertrag und Gewinn für das Unternehmen erzielen.

Die heutige wirtschaftliche Situation ist gekennzeichnet durch immer schnellere Veränderungen von Kunden und Märkten. Dazu zählen u.a.: Zunehmende Globalisierung, ständige Neuentwicklungen von Produkten und Dienstleistungen, Prozessen und Verfahren, immer kürzere Lebenszyklen, weltweite Livekommunikation und, und, und. Diese Trends machen eine gesicherte Zukunftsprognose natürlich sehr schwierig. Dies wirkt sich wiederum stark auf unternehmensinterne Planungen und die Umsetzung von entsprechenden Strategien und Konzepten aus.

Der Kunde selbst wird immer informierter. Die Transparenz der Angebote nimmt stark zu. Die Produkte und Dienstleistungen gleichen sich immer stärker an, werden austauschbarer. Die Anzahl der Vertriebswege, sprich der Zugang zum Kunden, steigt ständig. Weiterhin nehmen Produkte heute sogar einen anderen Aggregatszustand ein. (Schulungen im Internet statt Präsenzseminare bspw.)

Spitzenleistung im Vertrieb

All diese Entwicklungen erhöhen die Anforderungen an alle Unternehmensteile und ganz speziell im Vertrieb.

Mit neuen Betreuungskonzepten, mit neuen Angeboten und mit innovativen Ideen zur Kundenbindung, hat das Unternehmen immer die Aufgabe kontinuierlich an verbesserten Alleinstellungmerkmalen zu arbeiten, um sich von der Masse abzuheben.

Wer sich dem Ziel, der optimalen Bedürfnisbefriedigung seiner Kunden verschrieben hat, wird mit seinem gesamten Unternehmen versuchen, den „kontinuierlichen Verbesserungsprozess" in allen Betriebsteilen zu installieren.

D.h. ständig über passende Strategien nachdenken, ständig die Organisation professionalisieren, ständig die Prozesse optimieren, ständig die Steuerung und das Monitoring erleichtern und ständig die Performance (Leistungen und Fähigkeiten) der Mitarbeiter zu verbessern.

Nur so lassen sich langfristig Wettbewerbsvorteile generieren, die eine nachhaltige Profitabilität des Unternehmens ermöglicht.

Zusammenfassend lässt sich hier also sagen: Das Vertriebsmanagement stellt heute sicherlich eines der wichtigsten Funktionen im Unternehmen dar. Gerade hier, an der Schnittstelle von Markt, Kunden und dem eigenen Unternehmen, trägt es einen entscheidenden Anteil am langfristigen Überleben eines Unternehmens. Je professioneller diese Aufgabe erfüllt wird, umso erfolgreicher kann das Unternehmen agieren.

Spitzenleistung im Vertrieb

3 Ziele des Vertriebes.

Die Ziele des Vertriebes sind vielschichtig. Hier eine kleine Aufzählung:

- Gewinnung neuer Kunden
- Erhöhung des Umsatzes bei bestehenden Kunden
- Rückgewinnung verlorener Kunden
- Intensivierung der Kundenkontakte (Telefon, Besuchsfrequenz..)
- Verbesserung der Informationsbasis des Marktes. (Kunden, Gebiet, Wettbewerb)
- Verbesserung der eigenen Leistungen
- Intensivierung der Zusammenarbeit mit dem Kunden…

4 Die Aufgaben des Vertriebs:

Mit diesen Zielstellungen ergeben sich fast zwangsläufig die Aufgaben im Vertrieb.

Die Hauptaufgabe des Vertriebs liegt natürlich im Absatz der Produkte und Dienstleistungen an den Kunden. Darüber hinaus lassen sich noch weitere Aufgaben identifizieren.

Im Detail hat der Vertrieb u.a. folgende Aufgaben:

- ➢ Schnittstelle zwischen dem eigenen Unternehmen und dem Markt darzustellen.

Spitzenleistung im Vertrieb

- Die Verteilung der angebotenen Produkte und Dienstleistungen zu gewährleisten
- Informationssammlung über Kunden, Märkte, Wettbewerber u.a. zur Verbesserung des Leistungszuschnittes für den Kunden
- Beziehungsaufbau und –Intensivierung zum Kunden und zu weiteren Marktakteuren. (Lieferanten, Verbänden, Presse…).

Noch komplexer wird das Ganze, wenn wir uns noch die weiteren Akteure im vertrieblichen Umfeld anschauen, die ebenfalls ihre Aufgaben erfüllen müssen.

Diese liegen etwas außerhalb des sichtbaren Bereiches, gehören aber ebenfalls dazu, wie z.B.:

- Controlling,
- Verkaufsinnendienst,
- Absatzmittler,
- Verkaufsförderer,
- Berater und Trainer.

Diese und alle weiteren vielschichtigen Aufgaben und Akteure gehören in ein schlüssiges System, dass maßgeblich durch die gewählten Verkaufsprozesse dokumentiert und strukturiert werden kann. Dazu im Kapitel- Prozesse- später mehr.

5 Kundenlebenszyklus:

Das Modell des Kundenlebenszyklus hat verschiedene Vorteile:

Es wird in den unterschiedlichsten Branchen verwendet und hat seine Berechtigung im Investitionsgüterbereich, im Konsumgüterbereich und im Dienstleistungsbereich.

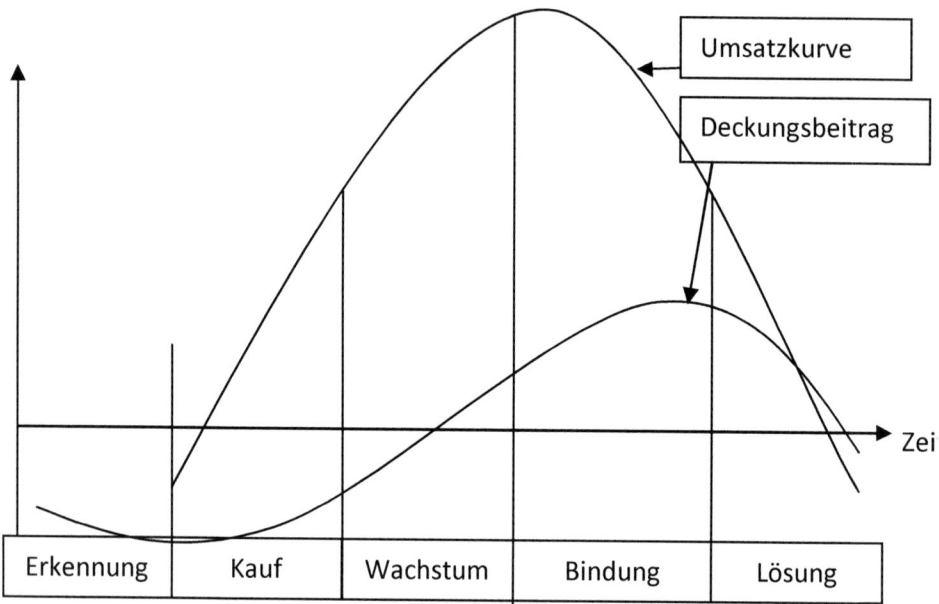

Abb2. Kundenlebenszyklus (eigene Darstellung, aus Weiss, Verkaufsmanagement)

Aufgrund der Tatsache, dass sich ein Kunde aktuell in einer bestimmten Phase befindet, lassen sich drei verschiedene Zielsetzungen für den Vertrieb entwickeln.

Spitzenleistung im Vertrieb

Nämlich:

1. Neukundenakquisition
2. Kundenbindungsmanagement
3. Kundenrückgewinnungsmanagement.

Zu 1. Neukundenakquise:

Aufgrund der ständigen Bewegungen im Kundenbestand ist es wichtig kontinuierlich an der Neukundenakquise zu arbeiten. Die Kunden wechseln schneller den Anbieter. Sie sind weniger loyal und nutzen temporäre Vorteile sofort aus.

Daher ist die Neukundenakquisation eine überlebenswichtige Aufgabe, da sich der Kundenbestand auch aufgrund externer Gegebenheiten ändern kann, auf die das eigene Unternehmen keinen Einfluss hat. Seien es Änderungen im Marktumfeld, gesetzliche Änderungen, ein neuer Wettbewerber usw. Dies alles lässt sich nicht vorhersehen und entsprechend einplanen.

So ist es ein Gebot der Sicherheit, kontinuierlich neue Kunden zu finden und an das Unternehmen zu binden.

Hinweis: Zu diesem Thema finden Sie unter www.eusera.de weitere Informationen, Tipps, Anregungen, Seminare und Online Kurse.

Zu 2. Kundenbindungsmanagement:

Diese Aufgabe ist recht eindeutig. Es geht um die Beziehungspflege bei bestehenden Kunden. Erstens, um diese in Zukunft weiterhin zu betreuen, d.h. die heutigen Umsätze weiter zu stabilisieren und zweitens, um eventuell weitere Produkte und Dienstleistungen zu verkaufen. D.h. zusätzliches Umsatzpotential für das eigene Unternehmen zu heben. (Stichwort: Cross Selling).

Zu 3. Kundenrückgewinnungsmanagement:

Es gibt viele Gründe, warum ein Kunde nicht mehr kauft, bzw. die Unternehmensleistungen nicht mehr nachfragt. Beim Rückgewinnungsmanagement geht es darum, die Gründe für seinen Rückzug zu ermitteln, mit dem Ziel den Kunden für die Zukunft zurückzugewinnen.

Merke: Alte Kunden wieder zu gewinnen, kann einfacher sein, als einen neuen Kunden zu gewinnen. In jedem Falle ist es weniger kostenintensiv.

Diese Aufgaben lassen sich gut mit dem Begriff des CRM, Customer Relationship Management verknüpfen.

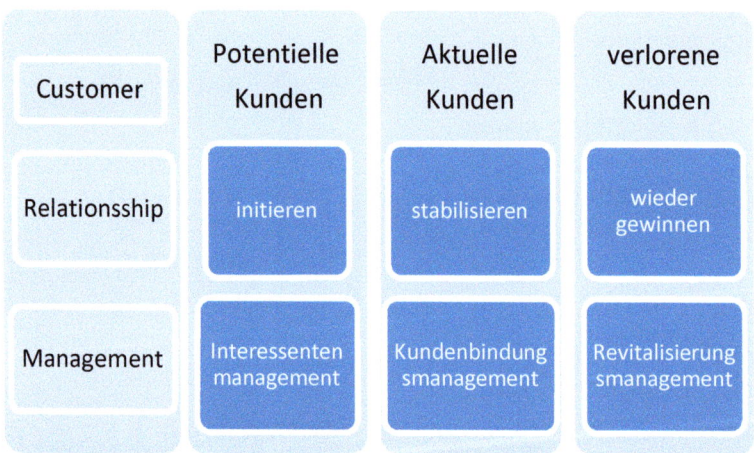

Abb.3 :Kundenstatus und Management (eigene Darstellung aus Weiss, Verkaufsmanagement)

II. Vertriebsstrategie

Die Vertriebsstrategie lässt sich einordnen in das unternehmerische Gesamtsystem der Unternehmensplanung.

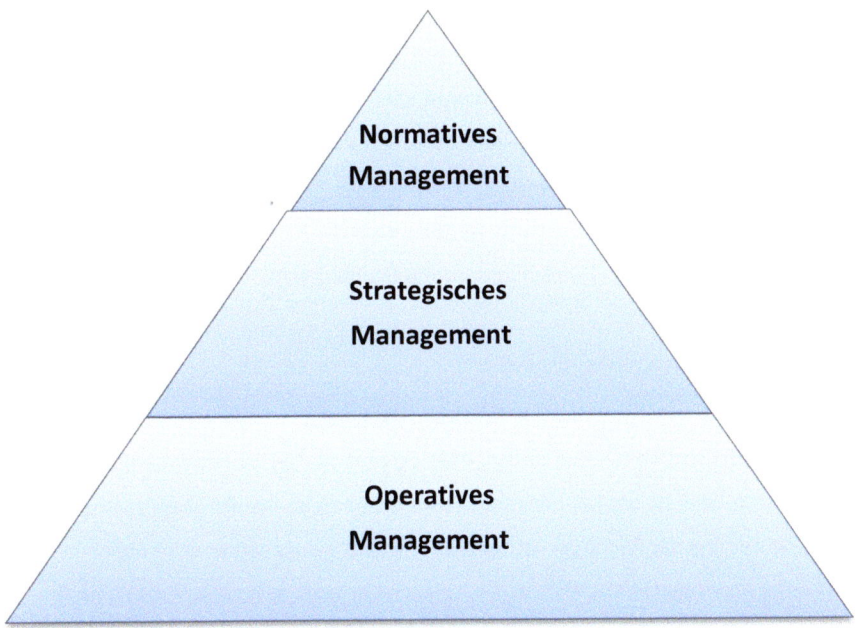

Zum Ablauf:

Die Unternehmensstrategie gibt die grundsätzliche Richtung vor, der sich alle Funktionen im Unternehmen unterordnen. Daher ergibt sich auch die Marketingstrategie daraus.

Meist werden qualitative und quantitative Ziele bestimmt, die sich dann auf die jeweiligen Funktionen bzw. Abteilungen herunter brechen lassen.

Spitzenleistung im Vertrieb

Die drei Planungsrichtungen sind:

Top down

Hier gibt die Unternehmensspitze die Ziele vor, die dann auf die nächste Stufe herunter gebrochen wird, bis hin zur Abteilung und der einzelnen Arbeitsstelle. Der Koordinationsaufwand ist hier natürlich am geringsten, da es keine wirkliche Abstimmung mit den Mitarbeitern gibt. Hier ist aber auch die Gefahr am Größten, dass die Ziele durch die Ausführenden angezweifelt und eventuell am Jahresende nicht erreicht werden. Natürlich wird das Prinzip –„Befehl und Gehorsam" in der Praxis nicht so stringent verfolgt werden, doch die Realität gibt viele Beispiele, dass auch heute noch so der Zielplanungsprozess realisiert wird.

Buttom up

Hier plant man von unten nach oben. D.h. jede Abteilung gibt seine Ziele bekannt und reicht sie der nächst, höheren Stufe ein. Die Aggregation aller Einzelziele ergibt dann das Gesamtziel. Hier ist der Koordinationsaufwand höher, als bei der oberen Variante, da sich die Leitung das Recht der letztendlichen Entscheidung sicher nicht abnehmen lassen wird. Außerdem ist die Wahrscheinlichkeit recht groß, dass die, von den unteren Ebenen hochaggregierten Ziele, tendenziell niedriger ausfallen, als es die Leitung selbst vorschlagen würde. Daher wird es hier schon zu Korrekturen seitens der Leitung kommen.

Spitzenleistung im Vertrieb

... und das Gegenstromverfahren.

Bei Gegenstromverfahren vereinen sich die zwei oberen Verfahren. In einem ersten Lauf, gibt die Leitung seine Planung bekannt, die dann herunter gebrochen wird. Mit diesen Vorgaben geben die einzelnen Abteilungen dann ihre Planzahlen ab, die wiederum nach oben aggregiert werden. Die Unternehmensleitung koordiniert danach den endgültigen Zielplan. Diese Art der Vorgehensweise ist wohl die Aufwändigste der drei Planungsrichtungen. Sie hat allerdings den Vorteil, dass auf diese Weise die operativ ausführenden Mitarbeiter, durch die Beteiligung am Zielprozess, die Ziele eher akzeptieren und die Motivation zur Zielerreichung steigt dadurch enorm.

Wichtig bei der Zielsetzung ist die Objektivierung sprich die Messbarkeit der Ziele. Nur so ist ein sinnvolles Controlling möglich. Professionelle Vertriebsarbeit muss sich auf eine klare Vertriebsstrategie stützen.

Ohne eine Strategie läuft das Unternehmen Gefahr, aus dem Gefühl heraus zu handeln oder aber keine klare Zielrichtung zu verfolgen.

Die Strategie gibt den Handlungsrahmen für den gesetzten Zeitraum vor. Ohne diesen Rahmen ist die Kommunikation schwierig, da nicht immer klar wird, wohin die Reise gehen soll. Das führt zu Verwirrung. Nicht nur in der Belegschaft, sondern auch in der Leitung.

Spitzenleistung im Vertrieb

Die Zielformulierung: Möglichst viel Umsatz/Gewinn zu erreichen, ist kein Ziel, da man niemals ankommt. Daher ist die Vertriebsstrategie frühzeitig festzulegen, um zum Einen die Richtung, mittel- bis langfristig vorzugeben und zum Anderen, um eine gewisse Kontinuität und Planbarkeit zu gewährleisten.

Außerdem sollte sie der einheitlichen Mitarbeiterführung dienen. Nur so lässt sich sicherstellen, dass alle „an einem Strang" ziehen. Gibt es keine Einigung auf eine gemeinsame Strategie, ist sowohl eine erfolgreiche Mitarbeiterführung, als auch eine erfolgreiche Unternehmensführung nicht denkbar.

Eine solche Vertriebsstrategie führt damit zur Planungssicherheit und bildet gleichzeitig die Grundlage für eine sinnvolle Koordination.

Es gilt die Regel: „Ohne Karte sollte man kein unbekanntes Land betreten!"

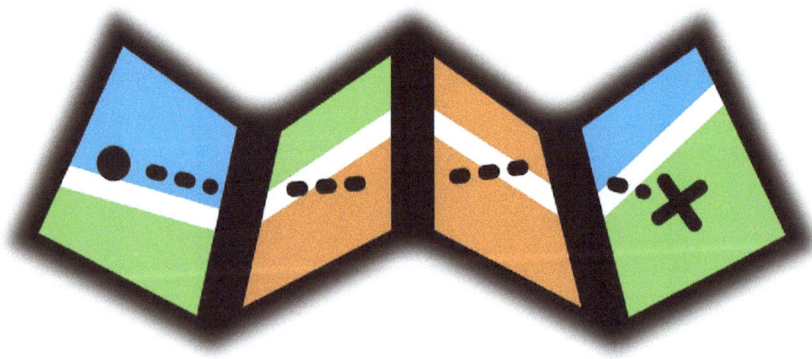

Spitzenleistung im Vertrieb

Dabei muss die Vertriebsstrategie einige Grundanforderungen erfüllen: (siehe Hombruch/ Schäfer 2012):

1. Es muss eine Strategie auch im Vertrieb geben. Dies ist häufig nicht explizit der Fall.
2. Die Hauptausrichtung muss der Kunde und seine
3. Bedürfnisse sein.
4. Nicht die eigenen Produkte und Dienstleistungen dürfen im Mittelpunkt stehen, sondern der Kunde und seine Anforderungen. Konnte man früher ein Angebot machen und hat dann die entsprechenden Kunden gefunden, so geht man heute eher umgekehrt vor. Erst identifiziert man den Bedarf im Markt und bietet dann das entsprechende Angebot.
5. Die Strategie muss sich flexibel auf sich ändernde Gegebenheiten anpassen können.
6. Die Strategie muss alle vertrieblichen Instrumente berücksichtigen, um ein einheitliches Verständnis unter den Mitarbeitern und einen einheitlichen Marktauftritt zu gewährleisten.
7. Die Vertriebsstrategie muss „gelebt" werden. Keine Strategie, die nur auf dem Papier vorliegt, hat Aussicht auf Erfolg.
8. Sehr häufig besteht allerdings ein großer Unterschied zwischen der Strategie und der täglichen Praxis.

10. Die Vertriebsstrategie muss korrekt kommuniziert werden. D.h. Sie muss vom Vertrieb kommen und die Sprache des Vertriebes ausdrücken. Sehr häufig ist der Einfluss des Marketing auf den Vertriebsbereich zu groß. Dies führt unweigerlich zu der Situation, dass das Marketing die Texte schreibt, die der Vertrieb nicht nutzen kann.
11. Die Vertriebsstrategie hat dabei mehrere Ansatzpunkte

1. Die Perspektiven einer Vertriebsstrategie

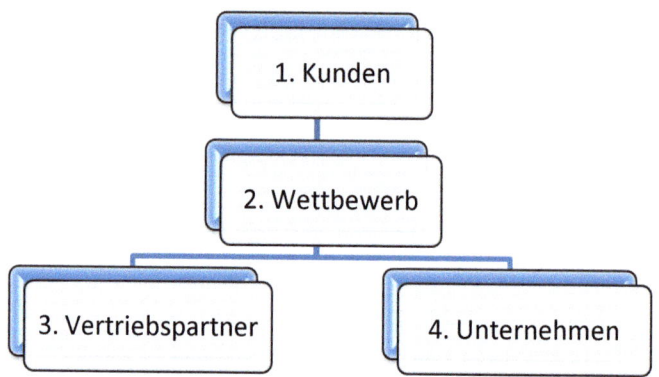

Abb4: 4 Perspektiven einer Vertriebsstrategie

Zur Vertriebsstrategie gehören mindestens 4 Perspektiven:

1. Kunden
2. Wettbewerb
3. Vertriebswege, -partner
4. Unternehmen

Spitzenleistung im Vertrieb

Zu 1.1 . Die Kundenstrategie:

Der Kunde sollte im Fokus der Betrachtung jeglicher Aktivitäten des Unternehmens stehen. In Bezug auf die Vertriebsstrategie geht es u.a. um folgende Fragen:

a) Wer sind unsere Kunden?
b) Was sind die Bedürfnisse des Kunden, die wir befriedigen wollen?
c) Welchen Nutzen hat der Kunde durch unsere Leistungen?
d) Ist der Gesamtmarkt in kleinere Segmente unterteilbar?
e) Wie sieht diese Segmentierung aus?
f) Wie sieht der Vertriebsprozess genau aus?
g) Welche Möglichkeiten der Umsatzerweiterung gibt es?

Zu a: Diese Frage ist nicht so trivial, wie Sie häufig erscheint. Zu den Kunden zählen nicht nur die direkten Abnehmen und Nutzer unserer Leistungen. Dazu kommen im indirekten Verkauf natürlich die Handelsstufen, wie Groß- und Einzelhandel. Zusätzliche Kunden könnten Weiterverarbeiter sein, die unsere Leistungen in eigene Produkte und Dienstleistungen einbauen. (Stichwort. OEM)

Darüber hinaus zählen noch dazu: Absatzmittler oder Berater des Kunden, die unsere Leistungen weiterempfehlen. Dazu gehören auch, Opinionleader des Marktes oder die Presse und entsprechende Verbände, die alle zum erweiterten Kreise der Kunden zu zählen sind.

Spitzenleistung im Vertrieb

Zu b und c:

Die Kundenbedürfnisse können im Einzelfall natürlich sehr individuell sein, doch lassen sich grundsätzliche Kundenbedürfnisse identifizieren, die allgemeingültig sind. Aufgrund dieser Bedürfnisse, die unsere Leistungen befriedigen, lassen sich eindeutige Nutzenversprechen und Argumentationsketten aufbauen und kommunizieren.

Zu d: Die Beschäftigung mit dem Thema Kundensegmentierung kann viele neue Möglichkeiten der effektiven Kundenbearbeitung eröffnen. Unterschiedliche Kundensegmente können unterschiedliche Nutzengewichtungen haben, die über eine Marketing- bzw. Vertriebsstrategie nicht optimal ausgeschöpft werden kann.

Hier ergeben sich häufig ungeahnte Chancen einer wesentlich gezielteren Ansprache des Kunden. Dies führt natürlich auch zu höheren Kaufraten.

Zu e: Wichtig bei dieser Überlegung sind natürlich die Segmentierungskriterien.

So ergeben sich über innovative Ideen manchmal ganz andere Möglichkeiten der gezielten Kundenansprache. Kriterien könnten sein: Alter des Unternehmens, Alter des Nutzers, Lebenszyklusphase des Unternehmens.

Spitzenleistung im Vertrieb

Auch interessant ist der Aspekt: Kunden-Kunden Markt. D.h. welche Kunden bedient der Kunde? Gibt es dort Entwicklungen, die wir antizipieren können.

Zu f:. Hier sollte der Vertriebsprozess genau beschrieben sein. Dies hat mehrere Vorteile.

Zunächst lassen sich nur so aus den Ergebnissen der eigenen Aktivitäten überhaupt vergleichbare Zahlen ermitteln.

Diese Ergebnisse sind dann solide Grundlage für die kontinuierliche Verbesserung im Vertrieb. Ein vergleichbarer Prozess führt zur systematischen Steigerung der Vertriebsleistung. D.h. nur so lassen sich beispielsweise verschiedene Außendienstmitarbeiter miteinander vergleichen. Wenn jeder Mitarbeiter etwas anderes macht und jede Vertriebsaktivität individuell ist, können keine soliden Verbesserungen erkannt und auf andere übertragen werden.

Eventuelle Gaps lassen sich auf diese Weise viel schneller identifizieren und schließen. Nur mit einem definierten Vertriebsprozess lassen sich zukünftigen Maßnahmen solide planen.

Spitzenleistung im Vertrieb

Zu g:.

Hier lassen sich die Begriffe des Cross Selling und des Upselling einführen.

Cross Selling bedeutet, dass wir andere weitere Produkte aus anderen Produktgruppen an den Kunden verkaufen können.

Upselling bedeutet eine Aufwertung des ursprünglichen Produktes an den Kunden zu veräußern. (Bsp.: Anstatt des Normaldruckers nimmt der Kunden jetzt einen schnelleren, netzwerkfähigen Drucker mit höherer Druckrate)

Zu 1.2 Die Wettbewerbsstrategie:

Ein weiterer Aspekt der Vertriebsstrategie stellt der Wettbewerb als Bezugspunkt dar.

Die zentrale Frage in diesem Zusammenhang lautet:

Was unterscheidet uns vom Wettbewerb?

oder aus Kundensicht betrachtet:

Warum soll der Kunden bei uns kaufen?

Der Grund einer solchen Betrachtungsweise ist simpel.

In einem wirtschaftlichen Umfeld der Austauschbarkeit und des verstärkten Wettbewerbs, überlebt immer das System am besten, das Vorteile gegenüber seinen Konkurrenten hat.

Spitzenleistung im Vertrieb

Es sollte also irgendeine „Überlegenheit" vorliegen, damit der Kunde sich für unser Unternehmen entscheidet.

Auch die Definition eines Wettbewerbsvorteils muss bestimmte Anforderungen erfüllen:

1. Er sollte für eine gewisse Zeit Bestand haben. Jegliche Vorteile, die innert kurzer Zeit imitiert werden können, haben keine Substanz.
2. Er muss für den Kunden wichtig und wahrnehmbar sein. Ein besonderer Vorteil innerhalb des eigenen Unternehmens hat eventuell keinen Nutzen für den Kunden und wird deshalb von ihm nicht honoriert.
3. Er sollte nicht substituierbar sein. D.h. der eigene Vorteil darf nicht durch andere Fähigkeiten oder Leistungen ersetzt werden können und damit beim Kunden eine gleichwertige Leistung darstellen.

Die Aufgabe für den Vertrieb in diesem Zusammenhang geht in zwei Richtungen.

Erstens muss der Vertrieb die gefundenen Wettbewerbsvorteile zum Kunden hin adäquat kommunizieren und zweitens ist es seine Aufgabe eigene Wettbewerbsvorteile zu identifizieren und mit in die Waagschale zu werfen.

Spitzenleistung im Vertrieb

Hier nun eine Auflistung von möglichen Differenzierungsmöglichkeiten:

- a) Flexibilität
- b) Schnelligkeit
- c) Qualität(hier der Kundenbetreuung, Beratung)
- d) Individualität der Leistungen
- e) Problemlösungsfähigkeit
- f) Image und Information

Spitzenleistung im Vertrieb

a) Flexibilität:

Flexibilität bedeutet die Fähigkeit auf individuelle Wünsche des Kunden mit angemessenem Aufwand erfüllen.

Dies gelingt natürlich nur, wenn innerhalb des Unternehmens die Strukturen und Prozesse dementsprechend implementiert sind. Dazu bedarf es zum Beispiel der optimalen Abstimmung mit der Produktion o.ä.

b) Schnelligkeit:

Schnelligkeit bezieht sich zum Einen auf die schnelle Anpassung auf Marktänderungen, was sicher auch mit der gegebenen Flexibilität in Verbindung steht und zum Anderen mit der Reaktionsgeschwindigkeit auf Kundenanforderungen.

Dieser Aspekt fällt umso stärker ins Gewicht, je abhängiger der Kunden selbst vom Tempo der Lieferung ist. (Stichwort: Just in Time).

Die Schnelligkeit kann u.a. auch dadurch erreicht werden, dass das eigene Unternehmen einfach schnellerer Zugriff zu bestimmten Informationen hat. Liegen z.B. bereits frühzeitig Informationen über geänderte Markttrends vor, so kann das Unternehmen entsprechend schneller darauf reagieren.

Weitere Beispiele könnten sein:

Die neuen Strategieüberlegungen beim Kunden führen zur Suche nach geeigneten Lieferanten oder die frühzeitige Messung der Kundenzufriedenheit lässt erkennen, dass ein Kunde den Lieferanten wechseln möchte.

Spitzenleistung im Vertrieb

Qualität der Kundenbetreuung:

Die Qualität der Kundenbetreuung kann an verschiedensten Kriterien festgemacht werden. Allein die Anzahl der Vertriebsmitarbeiter führt zu verbesserter Erreichbarkeit für den Kunden. Weitere Kompetenzen, wie etwa das fachliche Know-How und die Kundenorientierung, sind zur Bewertung der Qualität heranzuziehen. Dabei sind Fähigkeiten wie Markt-, Wettbewerbs- und Kundenwissen der Vertriebsmitarbeiter von unschätzbarer Wichtigkeit. Der Mitarbeiter kann schneller auf Kundenbedürfnisse oder individuelle Wünsche eingehen und diese erfüllen. Oder er erkennt schnell neue Cross Selling oder Upselling Chancen. Aber auch einfache Kriterien, wie die Verlässlichkeit oder die tägliche Erreichbarkeit können die Betreuungsqualität erhöhen und damit einen wichtigen Wettbewerbsvorteil darstellen.

c) Individualität der Leistungen:

Natürlich ist die Fähigkeit auf die individuellen Wünsche adäquat zu reagieren, ein weiterer Wettbewerbsvorteil. Dies erfordert beispielsweise in der Produktion, optimale Prozesse und Verfahren, um dies zu gewährleisten. Sehr häufig wird in der Praxis hier ein deutliches Defizit bemerkbar. Wer kennt nicht die Situation, dass der Vertrieb dem Kunden bestimmte Wünsche verspricht, die dann intern in der Produktion nicht umsetzbar sind. Eine Optimierung in diesem Bereich stellt dann häufig einen Wettbewerbsvorteil dar.

d) Problemlösungsfähigkeit:

Hier spielen zwei Aspekte eine große Rolle. Erstens muss der Vertrieb ein detailliertes Verständnis der Kundenseite haben, um die Probleme frühzeitig zu erkennen oder die Problemschilderungen des Kunden gezielt zu verstehen. Zweitens muss der Vertrieb die internen Gegebenheiten im eigenen Unternehmen so kennen, dass er adäquate Lösungen dem Kunden vorstellen kann.

D.h. er sollte im Optimalfall das mögliche Angebotsportfolio des eigenen Unternehmens kennen und die entsprechenden Lösungskomponenten anbieten können.

e) Image und Informationen:

Das Image der Unternehmens und der eigenen Marken hängen natürlich entscheidend vom Vertrieb ab. Stellt der Vertrieb doch das Bindeglied zwischen Kunden und eigenem Unternehmen dar. Er ist sozusagen „die Visitenkarte" und ein wichtiges Sprachrohr des Unternehmens. Die Wahrnehmung des Unternehmens wirkt durch den Vertrieb auf den Kunden. Daher ist die Signalwirkung des Vertriebs nicht hoch genug einzuschätzen.

Der Vertrieb sollte für den konsistenten Marktauftritt sorgen. In vielen Branchen sind tatsächlich die Service- und Vertriebsmitarbeiter die Träger der Unternehmensmarke. Weiterhin lassen sich heute gerade mit Service und Imagekomponenten gute Wettbewerbsvorteile generieren.

Spitzenleistung im Vertrieb

Wie bereits erwähnt sind Informationsvorsprünge ganz entscheidende Wettbewerbsvorteile. Daher ist der Ausbau von Wissens-, und Informationssystemen in dieser schnelllebigen Zeit von größter Bedeutung. Dabei geht es um die Erhebung, die Pflege und die Auswertung der richtigen Informationen. Die Aufgaben fallen hauptsächlich dem Vertrieb zu.

Fazit:

Zusammenfassend lässt sich sagen, dass sich Wettbewerbsvorteile meist durch eine sorgfältige Kombination dieser Kriterien definieren lassen. Man sollte als Unternehmen allerdings darauf achten, mit welcher Gewichtung man dies vermarktet, da eine Ausweitung der Kriterien auch schnell zur Konfusion beim Kunden führen kann. Eine breite Anzahl an Faktoren lässt sich kaum schlüssig kommunizieren.

Besser ist es die wichtigen Kriterien verstärkt zu vermarkten und die übrigen Kriterien unterstützend zu verwendet. Wichtig ist es auch zu beachten, dass sich die Kriterien nicht gegenseitig aufheben, sondern gegenseitig verstärken. So kann eine hohe Flexibilität und Individualität sehr leicht die Qualität der Kundenbetreuung oder auch die Schnelligkeit negativ beeinflussen. Sie sehen also. Dies kann eine sehr komplexe Arbeit sein.

Zu 1. 3. Vertriebswege und Vertriebspartnerstrategien

Die Entscheidung über die richtigen Vertriebskanäle und die passenden Vertriebspartner ist eine sehr wichtige Entscheidung innerhalb der Unternehmenspolitik. Denn diese Entscheidung hat hohen Einfluss. Sowohl auf die spätere Kostenstruktur, als auch auf den Grad der Marktdurchdringung bzw. Marktbearbeitung. Weiterhin ist eine solche Entscheidung nicht kurzfristig revidierbar und sollte deshalb sorgfältig geprüft werden.

Mit dieser Entscheidung stellt das Unternehmen ebenfalls die Weichen auf die Art der Wahrnehmung des Unternehmens am Markt und damit auf das Firmenimage.

Nach Homburg/Schäfer/ Schneider zeigen Studien, dass gerade diese Entscheidung starken Einfluss auf den Unternehmenserfolg hat.

Bei einer Untersuchung von 700 Herstellerunternehmen zeigt sich, dass gerade diejenigen Unternehmen sehr erfolgreich sind, die ihre Vertriebskosten optimiert haben und gleichzeitig eine sehr kooperative Zusammenarbeit zu den Vertriebspartnern unterhalten. In vielen Unternehmen ist die Struktur der Vertriebswege historisch gewachsen, was zu Schwierigkeiten führen kann, wenn sich die gesamte Marktsituation verändert.

Grundsätzlich und an dieser Stelle ausreichend ist die Unterscheidung in zwei verschiedene Vertriebswege:

Spitzenleistung im Vertrieb

Direkter Vertrieb und indirekter Vertrieb.

Beim direkten Vertrieb nimmt das Unternehmen den Kontakt zum Kunden direkt, d.h. ohne Einsatz unternehmensexterner Vertriebspartner wahr. Ein zentraler Unterschied zum indirekten Vertrieb liegt in der rechtlichen und wirtschaftlichen Selbständigkeit der Vertriebsorganisation. Ein indirekter Vertrieb liegt nur vor, wenn der Vertriebspartner auch wirtschaftlich unabhängig ist. D.h. außer den Produkten und Dienstleistungen einer Firma, auch andere Produkte und Dienstleistungen anderer Firmen anbietet und verkauft.

So ist eine rechtlich, unabhängige Vertriebsorganisation, die ausschließlich unsere Produkte und Dienstleistungen vertreibt, nicht wirtschaftlich unabhängig und zählt somit zum direkten Vertrieb.

Spitzenleistung im Vertrieb

Hier einige Vor- und Nachteile der beiden Vertriebswege:

Kriterium	Direkter Vertrieb	Indirekter Vertrieb
Kundenbindung	+	-
Zugang zu Marktinformationen	+	-
Flexibilität bei der Marktbearbeitung	+	-
Unabhängigkeit von Händlern	+	-
Flächendeckende Marktpräsenz	-	+
Effizienzgewinn durch Bedarfsbündelung	-	+
Vermeidung hoher Kapitalbindung	-	+

Wichtig bei der Entscheidung der richtigen Vertriebswege sind verschiedene Aspekte, die firmenindividuell zu bewerten sind.

Ein Patentrezept gibt es nicht.

Zur richtigen Auswahl sollten beispielsweise, die in der Abbildung genannten Kriterien priorisiert werden und dementsprechende Überlegungen zur Anwendung kommen.

So ist etwa in dynamischen Märkten der schnelle Zugang zu Marktinformationen wichtiger als in statischen Märkten. Auch der Konzentrationsgrad des Marktes oder die Stärke der Fluktuation der Marktteilnehmer können eine entscheidende Rolle spielen.

Weiterhin ist natürlich die Mischform eine häufig anzutreffende Variante des Vertriebsweges. Diese Mischform wird als „Mehrkanalsystem" bezeichnet oder als

„Multichanel-Systeme". So gibt es beispielsweise im Bereich der Automobilzulieferer viele Channels parallel.

Es existieren eigene Verkaufsstellen und Niederlassungen zusammen mit externen Werksvertretungen. Zusätzlich wird an den Groß- und Einzelhandel verkauft. Genauso wie die Belieferung an Facheinzelhändler oder Werkstätten. Hier sowohl an Fachwerkstätten und/oder freien Werkstätten und Werkstattketten.

Sie sehen also jede Möglichkeit der Kombination wird hier genutzt, was natürlich auch viele Nachteile hat. Hier seien nur die Kanibalisierung und die Konkurrenz im eigenen Hause als Problembereiche genannt. Wer kennt nicht die endlosen Diskussionen mit dem eigenen Vertrieb, der seine Angebote gegen die Offerten „aus dem eigenen Hause" verteidigen muss.

Spitzenleistung im Vertrieb

Vertriebspartner:

Vertriebspartnerschaften stellen in den meisten typischen Fällen eine Form des indirekten Vertriebes dar.

Innerhalb dieses Buches seien hier nur die wichtigsten Fragen genannt, die bei planvollen Einführung und Entwicklung eines Vertriebspartnerkonzeptes zu beantworten sind. (siehe Hombruch/Schäfer u.a.)

1. Nach welchen Kriterien erfolgt die Auswahl der Vertriebspartner?
2. Wie verteilen wir die Funktionen auf das Unternehmen und den Partner?
3. Inwieweit wird ein Partnerschaftsansatz verfolgt?
4. Wie intensiv werden einzelne Aktivitäten betrieben?

Welche Punkte spielen bei diesen Fragen eine Rolle?

Hier geht es um die Frage, wie gut passen die Unternehmen zusammen. Etwa nach Firmenkultur, Werten, Philosophie der Kundenbetreuung, usw.

Hier zeigt sich, dass bei einer großen Übereinstimmung in diesem Bereich häufig der Erfolg der Partnerschaft am größten ist.

Ein wichtiger Aspekt stellt dabei die Wahl des geeigneten Vertriebsrechts da. Man unterscheidet zwischen exklusiver Distribution, intensiver Distribution und der selektiven Distribution.

Spitzenleistung im Vertrieb

Bei der **exklusiven Distribution** räumt der Herstellerpartner ausgewählten Partnern ein exklusives Vertriebsrecht ein.(Stichwort: Gebietsschutz). Im Gegenzug verpflichtet sich der Vertriebspartner keine Wettbewerbsprodukte zu vermarkten.

Die **intensive Distribution** bezeichnet das Bestreben des Herstellers, möglichst flächendeckend und schnell seine Produkte zu platzieren. Dementsprechend einfach sind die Qualifizierungshürden für den Vertriebspartner. Der Hersteller möchte schnelle Verbreitung und bequeme Erreichbarkeit seiner Produkte zum Kunden. Der große Nachteil ist der geringe Einfluss auf den Vertriebspartner bezüglich Werbeintensität, Wettbewerbsschutz u.ä.

Die **selektive Distribution** stellt den Kompromiss aus beiden o.a. Varianten dar. D.h. die Auswahl der Vertriebspartner ist klar definiert und strikt. Man strebt hier eine enge Zusammenarbeit an, kann aber meist eine Exklusivität nicht gewährleisten. Allerdings sind die Kontrolle der Vertriebsaktivitäten und gleichzeitig eine gute Marktabdeckung möglich.

Spitzenleistung im Vertrieb

Häufig auftretende Konfliktfelder zwischen dem Hersteller und dem Händler sind u.a.

- Marge des Händlers
- Der Direktvertrieb des Herstellers
- Die Preispolitik des Händlers
- Weitegabe von Marktinformationen an den Hersteller
- Unterstützung im Service durch den Hersteller

III Vertriebsorganisation:

1. Organisationsformen

Die Organisation und die vereinbarten Prozesse stellen nicht nur ein Grundgerüst des Unternehmens dar, sondern sind ein entscheidender Erfolgsfaktor, da hier wesentlicher Einfluss auf das Verhalten und die Funktionsweise des Gesamtunternehmen stattfindet.

Grundsätzlich kann jede Vertriebsorganisation nach verschiedenen Kriterien organisiert werden. Die Bedeutendsten sind:

- nach Produkten
- nach Regionen,
- nach Absatzkanälen
- nach Kunden

Spitzenleistung im Vertrieb

Das Gliederungskriterium bei produktorientierter Organisation sind natürlich die Produkte und Dienstleistungen des Unternehmens. Diese lassen sich, je nach Größe der Sortimente, natürlich auch in Produktgruppen oder anderen übergeordneten Kategorien einteilen.

Die regionale Gliederung bezieht sich auf Gebiete, Länder, Regionen oder Kontinente. Die Einteilung kann auch über die Landesgrenzen hinaus vollzogen werden, sodass z.B. Kulturelle Gebiete gebildet werden, die eine Bearbeitung erleichtern können.

Nach Absatzkanälen unterscheidet man Organisationseinheiten beispielsweise in Innendienst (Telefonverkauf), Außendienst oder E-Commerce, je nachdem, wie der Kunden betreut wird.

Bei der kundenorientierten Organisation geht es nach Kundengruppen, Branchen oder Segmenten. Beispiele sind etwa: Key Account für Großkunden nach Umsatzgröße, Firmenkunden-Privatkundengeschäft usw.

Die kundenorientierte Organisation macht immer dann am meisten Sinn, wenn die Kundenorientierung im Unternehmen groß geschrieben wird und durch diese Einteilung, tatsächliche unterschiedliche Maßnahmen, wie Ansprache, Angebote o.ä. separiert werden sollen.

2. Vor- und Nachteile der Organisationsformen:

Organisationsform	Vorteile	Nachteile
...Produkten	- Viel Produktwissen vorhanden - Einfache Koordination mit anderen produktorientierten Abteilungen	- Mangelnde Kundenorientierung - Geringe Ausschöpfung von Cross Selling Potentialen - Diffuser Auftritt gegenüber dem Kunden
... Regionen	- Gute Berücksichtigung regionaler Besonderheiten - Gute Kundennähe	- Probleme des „Regionalfürstentums" - Problematische Koordination zwischen den Regionen - Erschwerte Bearbeitung -regionen übergreifender Kunden
...Absatzkanälen	- Gute vertriebswegorientiertes Verständnis	- Fehlender Überblick über den „Gesamtkunden". - Geringe produktspezifisches Wissen - Geringe kundenspezifisches Wissen
...Kunden	- Ganzheitliche Kundensicht - Enge Kundenbeziehung - Positive Effekte beim Cross Selling	Geringe produktspezifisches Wissen Höher Aufwand bei Controlling und Informationsmanagement

Abb6: Vorteile und Nachteile der unterschiedlichen Organisationsformen

Spitzenleistung im Vertrieb

Dabei gibt es ein Hauptproblemfeld: Schnittstellen!

Eines der größten Industriellen Errungenschaften , die wir

Taylor zu verdanken haben, ist die Arbeitsteilung.

Mit der Teilung der Aufgaben in verschieden Arbeitsschritte und auf unterschiedliche Personen, hat sich leider ein Problem ergeben, dass wir in unterschiedlichen Bereichen und in unterschiedlicher Ausgestaltung zu bewältigen haben.

Je mehr Personen an einem Prozess beteiligt sind, umso größer ist der Koordinationsbedarf. Je komplexer die Prozesse werden, umso höher ist der Abstimmungsbedarf. Das heißt im Bereich des Vertriebsmanagements:

Je mehr Schnittstellen es im Vertrieb, z.B. über die Organisationsform gibt, umso intensiver sollte die Führung sich um das Schnittstellenmanagement kümmern.

3 Schnittstellenproblematik und die interne Stellung des Vertriebes

Je nach Organisation entstehen in jedem Unternehmen mehr oder weniger starke Schnittstellenproblematiken. Sei es bei Schnittstellen innerhalb der Vertriebs- bzw. Marketingabteilung oder zwischen allen anderen Funktionsbereichen und Abteilungen eines Unternehmens.

Hier zeigt sich in der Praxis- je weniger Schnittstellenprobleme, umso weniger „ Sand im Getriebe" des Unternehmens und somit umso effektiver funktioniert das Unternehmen.

Zum großen Problem werden Schnittstellen besonders durch internes Kompetenzgerangel, Konkurrenzkämpfe zwischen Abteilungen und einzelnen Mitarbeitern, sowie Informationsdefizite in verschiedenen Bereichen. Nehmen diese Probleme überhand, kann das zu gefährlicher Handlungsunfähigkeit einzelnen Unternehmensteile oder des gesamten Unternehmens führen.

Gerade der Vertrieb gilt als schnittstellenintensiver Bereich. Sei es durch interne Schnittstellen wie etwa:

- Zentralvertrieb und- Regionalvertrieb
- Der Vertrieb von unterschiedlichen Produkten
- Der Vertrieb mit unterschiedlichen Kundenkontaktwegen.

Spitzenleistung im Vertrieb

Außerhalb des Vertriebes gibt es weitere Schnittstellen zu:

- Produktion
- Forschung und Entwicklung
- Controlling
- Marketing
- …

An dieser Stelle soll nur eine spezielle und oft unterschätzte Schnittstelle betrachtet werden.

Obwohl man allgemein davon ausgehen sollte, dass gerade die Schnittstelle zum Marketing kaum Probleme aufwerfen sollte, gibt es hier häufig die größten Probleme. So sollten diese beiden Bereiche doch die gleiche Sprache sprechen und die gleiche Interessenlage haben. Doch häufig ist die Beziehung von Informationsdefiziten, wechselseitiger Arroganz und verhärteten Fronten geprägt. (siehe Hombruch/ Schäfer/u.a.)

Spitzenleistung im Vertrieb

So sieht die Marketingabteilung den Vertrieb häufig nur als ausführendes Organ, welche z.B. auch in die Strategieentwicklung nicht einbezogen werden muss.

Die Vertriebsabteilung vertritt die Meinung, dass das Marketing nur theoretisch über Vermarktung denkt und handelt und von praktischen Gesichtspunkten weit entfernt ist.

Ja nach Branche lassen sich in Bezug auf die beiden Abteilungen häufig bestimmte Kooperationstypen finden:

In der Automobilzulieferindustrie und im Maschinenbau gibt es häufig den **Typus: Marketing als Serviceabteilung des Vertriebes**. Marketing macht hier die Werbung und die Marktforschung. Der Vertrieb hat die Funktionen strategische Ausrichtung und operative Umsetzung inne.

Sehr häufig in der Konsumgüterbranche gibt es den **Typus: Gleichgewichtige Arbeitsteilung beider Abteilungen**.

Gerade in Branchen mit hohem Privatkundenanteil wie etwa Finanzdienstleitungen oder Versicherungen usw., trifft man den dritten **Typus: Vertrieb ist der Erfüllungsgehilfe des Marketing**. Der Vertrieb führt nur aus. Das Marketing übernimmt die strategische - und die operative Führungsrolle.

IV. Vertriebsprozesse:

Das Prozessmanagement ist in vielen Unternehmen nicht sehr verbreitet, stellt es doch eine weitere Organisationsform dar, die erst in den Gesamtablauf integriert werden muss. Man spricht in diesem Zusammenhang oft von einer Sekundärorganisation.

Innerhalb der Vertriebsabteilung sollte es dokumentierte Prozessbeschreibungen geben, die fest legen, Wer? Was?, Wann?, Wie ? innerhalb des Vertriebsprozesses zu realisieren bzw. umzusetzen hat.

Nur so kann man gewährleisten, sich ständig zu verbessern und somit ein auf Dauer angelegtes Optimierungspotential zu erkennen und zu heben.

Um die Gesamtübersicht zu behalten ist es sinnvoll die drei Hauptprozesse zu identifizieren: Die Prozesse sind:

1. Neukunden Gewinnung
2. Betreuungsphase während eines Auftrages
3. Nachbetreuungsphase nach dem aktuellen Auftrag

Diese drei Kategorien sollten mit definierten Prozessen hinterlegt sein.

Spitzenleistung im Vertrieb

Zu 1: Neukundengewinnung

Liegt eine Strategie der **Neukunden Gewinnung** vor, dann sind u.a. folgende Fragen beantwortet.

Wer ist ein Wunschkunde? Wie wird er auf uns aufmerksam? Welche Probleme hat er zu dieser Zeit? In welcher Lebenszyklusphase bewegt er sich? Welche unserer Lösungen passen hier am besten? Wie sollten wir diese anbieten? Was ist der nächste Schritt? Wie machen wir unser Angebot besser? Wie reduzieren wir die Entscheidungsschwäche beim Kunden? Wie helfen wir ihm zum Erstauftrag? usw. Die Beantwortung dieser Fragen hilft entscheidend bei der optimalen Prozessbeschreibung.

Zu 2: Betreuungsphase

In der **Betreuungsphase** geht es um Fragen wie: Können wir unseren Service / Produkte noch besser machen, bzw. noch wertschöpfender für den Kunden machen? Wie helfen wir, dass der Kunde unsere Service / Produkte noch schneller, besser, bequemer nutzen kann? Was bieten wir dann zusätzlich an, um seinen Nutzen zu vergrößern? (Stichwort: Cross Selling, Upselling). Wie verkaufen wir die nächsten Produkte und Dienstleistungen nach? Wie kommen wir an Folgeaufträge? usw.

Zu 3: Nachbetreuungsphase

In der **Nachbetreuungsphase** (After-Sales Phase) sind z.B. Fragen zu klären wie: Wie bleiben wir in Kontakt? Wie bleiben wir im Kopf des Kunden präsent? Wie nutzen wir unser Empfehlungsmarketing? Wie erweitern/ festigen wir unsere Beziehung zum Kunden?

Wie halten wir den Kunden über Aktuelles auf dem Laufenden? usw. Wenn diese Fragen alle geklärt sind, geht es darum für alle Entscheidungen das WIE/WER/WANN zu klären und in klare Prozessschritte zu überführen.

In dieser Stufe sind möglichst alle Details zu klären wie: Mit welchen Kommunikationskanälen arbeiten wir? Mit welchen Verkaufshilfen arbeiten wir? Wie präsentieren wir genau diese Dinge?

Es sei nochmals auf die Vorteile des Prozessmanagement verwiesen. Die Aufstellung und Durchführung dieser gesamten Prozessketten stellt zwei Hauptaspekte sicher.

1. Nur so lassen sich verlässliche Controlling- bzw. Messverfahren einführen.
2. Nur so lassen sich systematischen Verbesserungen und Veränderungen identifizieren und optimieren.

Spitzenleistung im Vertrieb

Hier eine allgemeine Übersicht möglicher Prozessphasen:

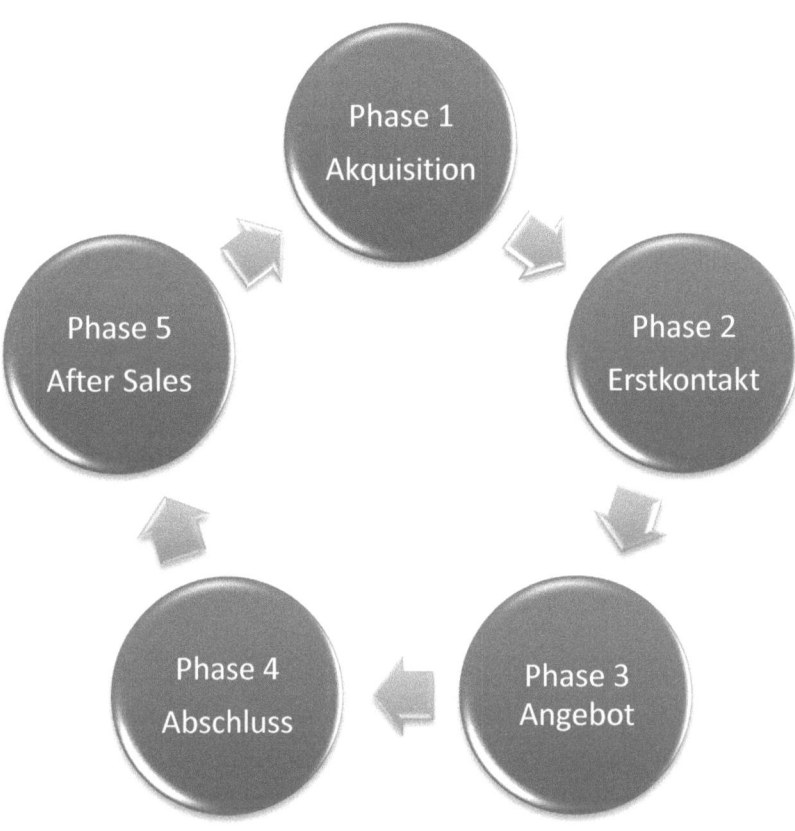

Abb.7 Prozessablaufplan

Spitzenleistung im Vertrieb

V. Controlling/ Steuerung im Vertrieb:

Unter Verkaufscontrolling versteht man die gezielte Steuerung des Verkaufs, was sowohl die Planung, als auch die Informationssammlung und Koordination der vertrieblichen Maßnahmen beinhaltet. Man unterscheidet strategisches und operatives Controlling.

Die Tabelle zeigt beispielhaft verschiedenen Methoden dazu:

Strategische Methoden	Operative Methoden
Wettbewerbsanalyse	Soll/IST Vergleich auf (Mitarbeitereben, Kunde, Region)
Marktpotentialanalyse	Deckungsbeitragsanalyse (Umsatz, Auftrag, Kunden usw.)
Benchmarking	Kundenanalyse (Gesamtkunden, Alt-/ oder Neukunden
Kundenzufriedenheitsanalyse	Mitarbeiteranalyse (Umsatz, Deckungsbeitrag; Kunde usw.)
Verkaufsprozessanalyse	Kundenzufriedenheitsanalyse (Region, Mitarbeiter…)
Stärken-/Schwächenanalyse	Marktpotentialanalyse (auf Mitarbeiter, Kunden bezogen)
Balanced Score Card (BSC)	Beschwerdeanalysen

Abb 8: Analysemethoden

Spitzenleistung im Vertrieb

1. Analysemethoden

Im Einzelnen:

a) **Wettbewerbsanalyse:**

Die Beobachtung und Analyse des Wettbewerbs ist von großer Bedeutung für die zukünftigen Vertriebsaktivitäten. Abhängig von den erfolgskritischen Faktoren am Markt, gibt es viele Aspekte, die zu untersuchen sind:

- Kosten und Qualitäten
- Innovationsvorteile
- Zeitvorteile oder Wissensvorsprünge
- Akquisebestrebungen usw.

Diese Aspekte sind zu erheben und entsprechende Entscheidungen zu treffen. Z.B. folgen wir dem Vorteil und versuchen besser zu sein oder suchen wir uns eigen, wichtigere Vorteile und bauen diese aus.

b) **Marktpotenialanalysen** haben die Aufgabe zu ermitteln, wie groß der zukünftige Umsatzanteil im Markt noch sein kann. Diese Potentiale können sich bei vorhandenen Kunden ergeben oder auch bei noch gar nicht identifizierten neuen Kundengruppen.

c) **Benchmarking**:

Stellt eine Weiterentwicklung der Konkurrenzanalyse dar und vergleicht die eigenen Fähigkeiten und Leistungen mit den wichtigsten Wettbewerbern im Markt. Auch hier ist es das Bestreben des Unternehmens, in den einzelnen Bereichen besser zu werden als der Wettbewerb. Eine Hauptfrage in diesem Zusammenhang heißt: Warum ist dies besser und wie machen wir es bis jetzt? So lassen sich Rückschlüsse und Ideen zu Verbesserung identifizieren und umsetzen.

d) **Kundenzufriedenheitsanalysen** werden häufig angewendet, um die „Stimmung" oder die Meinung des Kunden über das eigene Unternehmen zu erheben. Diese Analysen sind allerdings ein zweischneidiges Schwert. So stellt sich auf der einen Seite die Frage, wie korrekt antwortet ein Kunde der ständig und immer während nach seiner Meinung gefragt wird. (Bsp. Autowerkstätten, Hotels) und zum anderen sind die Fragen überhaupt auf den Kundenfokus ausgerichtet. Soll heißen, stellen wir die richtigen Fragen? (Bsp. Es wird nach der telefonischen Erreichbarkeit im Hotel gefragt, dabei spielt die Bequemlichkeit des Bettes für den Kunden eine viel wichtigere Rolle. Zusammenfassend sind auch Kundenzufriedenheitsanalysen professionell und mit Sorgfalt durchzuführen.

e) **Verkaufsprozessanalysen** bewerten die einzelnen Schritte des Verkaufsprozesses mit Kennzahlen und lassen so Rückschlüsse auf Verbesserungspotential zu. So kann man Vergleiche zu Vorperioden oder zum Wettbewerb anstellen und strategische Entscheidungen darauf aufbauen.

f) **Stärken-/Schwächenanalysen:**
Bei dieser Art der Analyse werden mindestens zwei Alternativen miteinander verglichen und deren Vor-und Nachteile gegenüber gestellt. Das geschieht entweder quantitativ oder aber qualitativBsp.: Quantitativ könnte man die Kostenstruktur eines Produktes mit der Struktur der Wettbewerbsprodukte vergleichen. Auf diese Weise kann man etwa erkennen, was aus Produktionssicht oder Vertriebssicht zu optimieren wäre. Eine qualitative Analyse würde versuchen Vergleichbarkeiten über selbst entworfene Bewertungsverfahren zu untersuchen.Bsp. Kundenbefragungen zum verschieden Themen wie Service, Werbung, Preis, Image. Diese werden dann in einer Tabelle abgetragen und über Scoringprofile verglichen, entweder mit dem Wettbewerb oder mit anderen Produkten.

Spitzenleistung im Vertrieb

Die operativen Methoden stellen hauptsächlich auf die Erhebung von Kennzahlen ab und führen anschließend Vergleiche auf den verschiedenen Ebenen (in Klammern) durch. Diese Vergleiche sind dann die Grundlage für Entscheidungen von geeigneten Verbesserungsmaßnahmen.

Als Beispiel dient das folgende Schaubild, was mögliche Ursachen bei gemessenem Umsatzrückgang darstellt.

		Abweichungen		
Allgemeine Entwicklungen	Produkt	Marketing	Wettbewerb	Vertrieb
konjunkturell	Leistung	Werbung	Marketing	Strategie
politisch	Qualität	Verkaufsförderung	Produkt	Mitarbeiter
rechtlich	Preis	Service	Strategie	Motivation
demografisch	Design	Absatzkanal	Absatzkanal	Kundenansprache

Spitzenleistung im Vertrieb

Die nächste Tabelle zeigt einige Kennzahlen für den Vertrieb:

2. Kennzahlen im Vertrieb

Kennzahl	Definition
regionale Bewertung	Kundenzahl im Vertriebsgebiet oder Umsatz im Verkaufsgebiet
Kostenartenbeurteilung	Umsatz / Vertriebskosten
Verkaufsgebiets-durchdringung	Anzahl der Kunden im Gebiet/ Anzahl der potentiellen Kunden im Gebiet
Effektivität der MA	Zahl der Termine pro MA pro Zeiteinheit
Effektivität der MA	Zahl der Besuche/ Zahl der Aufträge
Effektivität der MA	Zahl der Angebote / Zahl der Aufträge
Verkaufszeitanteil	aufgewendete Zeit für KD Betreuung/ Gesamtarbeitszeit

Spitzenleistung im Vertrieb

Kennzahl	Definition
Auftragseingang	kumulierter Anfangsbestand am Stichtag/ geplanter Umsatz der Periode
Angebotserfolgsquote	ges. akquiriertes Auftragsaufkommen/ angebotenes Auftragsvolumen
Neukundenanteil	Umsatz der Neukunden/ Netto-Umsatz gesamt
Außendienst Profitabilität	Kosten des AD/ Netto-Umsatz
Auftragsbearbeitungszeit	Durchschnittliche Dauer der Auftragsbearbeitung

Weitere Kennzahlen

- Umsatz im Vertriebskanal/ Gesamtumsatz des Vertriebskanals
- Umsatz Produkt A/ Umsatz Produkt B
- Anzahl der Geschäfte, die ein Produkt führen/
- Anzahl der Geschäfte, die ein Produkt führen könnten
- Anzahl der 1a Platzierungen im Handel/
- Anzahl der führenden Händler gesamt
- Anzahl der führenden Geschäfte, in denen ein Produkt nicht vorrätig ist/ Anzahl der Geschäfte, die ein Produkt führen
- und, und ,und.

Es gibt unendliche viele Möglichkeiten adäquate Kennzahlen zu definieren. Die Kunst besteht in der Balance zwischen effektiver Messung und „Zahlenverliebtheit".

Spitzenleistung im Vertrieb

VI. Die Besonderheiten im Dienstleistungsbereich:

Der Dienstleistungssektor wächst in Deutschland schnell und überproportional. Laut Statistischem Bundesamt stieg die Zahl der Erwerbstätigen im Dienstleistungsbereich von 2004-2009 um 6,1% auf insgesamt 29.412 Mio. Erwerbstätigen. Damit stellt der Dienstleistungsbereich ca. 70% der Arbeitsplätze in Deutschland.

Im Bereich Facility Management beispielsweise waren laut Bundesamt 2008 rund 4,0 Mio. Menschen tätig. Das sind mehr als 10% der Gesamterwerbstätigen in Deutschland. Nach aktuellem Stand ist diese Zahl heute noch höher.

Die Besonderheiten des Dienstleistungssektors spiegeln sich auch im Vertrieb wider. Dienstleistungen sind immateriell und nicht lagerfähig. Sie können im Verkaufsprozess nur begrenzt dargestellt werden. D.h. sie müssen erst nach Kundenentscheidung real erbracht werden. Das bedeutet der Kunde „weiß noch nicht genau, was er da gekauft hat".

Durch diese Besonderheiten sind die Verkaufsaktivitäten entsprechend höher und evtl. schwieriger. Folgende Verkaufsformen sind für Dienstleistungen denkbar.(*)

- Persönlicher Verkauf
- Makler, Agenturen
- Telefonischer Verkauf
- Direktwerbung
- E-Commerce

(*) siehe Weis, "Verkaufsmanagement")

Spitzenleistung im Vertrieb

In vielen Branchen ist zunehmend die Angleichung der funktionalen Qualität von Produkten festzustellen. Die Angebote werden immer vergleichbarer und die Gefahr der Austauschbarkeit steigt ständig. Doch es gibt auch Vorteile: Ein erfolgversprechender Ansatzpunkt findet sich dabei im Bereich der Dienstleistungen. Denn hier besteht die Chance das eigene Angebot durch weiteren Service, sog. Added Value Services, aufzuwerten und zu differenzieren.

Dabei unterscheiden wir verschiedene Formen der Dienstleistung:

- Informations- und Beratungsdienstleistungen
- Logistische Dienstleistungen
- Technische Dienstleistungen
- Individualisierungsdienstleistungen
- Finanzierungsdienstleistungen und
- Convenience Dienstleistungen.

Vorteile von Dienstleistungen für den Kunden:

Sie dient der stärkeren Kundenbindung. In vielen Fällen kann die Dienstleistung nur unter Mithilfe des Kunden überhaupt erbracht werden (Stichwort: Beratung, Schulungen usw.)

Weiterhin sollen Dienstleistungen den Nutzen des Kunden erhöhen. Dienstleistungen werden häufiger beim Kunden erbracht, was eine gewisse Kundennähe mit sich bringt.

Spitzenleistung im Vertrieb

Dadurch kann der Anbieter tiefe Einblicke in die Bedürfnisse und Bedarfe des Kunden gewinnen. Dienstleistungen lassen sich sehr einfach individualisieren, was ihre Austauschbarkeit schwierig macht. Dienstleistungen werden durch Menschen erbracht, was stark zur Kundennähe und somit zu einem enormen Vertrauensaufbau beiträgt.

Die Gefahr im Bereich der Dienstleistung liegt ebenfalls in seiner Beschaffenheit als immaterielles Gut. Da sie nicht sichtbar ist, wird ihr Wert sehr häufig vom Kunden nicht adäquat erkannt und wertgeschätzt. Das bedeutet, dass die Verhandlung, speziell des Preises der Leistungen in einem asynchronen Verhältnis zwischen Anbieter und Nachfrager steht. Dieses Phänomen kann sich auch aus Anbietersicht verheerend auswirken, wenn die Dienstleistungen nicht entsprechend der Kostenstruktur auch vergütet werden. Hier entsteht sehr häufig eine riesige Kostenfalle. Die Leistungen werden z.B. willkürlich oder aus verhandlungstechnischen Gründen dazu gegeben und nicht berechnet. Der Kunde gewöhnt sich an Leistungen, was eine spätere Berechnung schwer, wenn nicht sogar unmöglich macht.

Das bedeutet: Können wir auf der einen Seite gute Alleinstellungsmerkmale über den Service kreieren, so besteht auf der anderen Seite die Gefahr der „Verzettelung" mit zu vielen, versteckten Leistungen, die der Kunden gar nicht wahrnimmt oder bereits als selbstverständlich bewertet und gleichzeitig die Kostenseite stark beeinträchtigt.

Spitzenleistung im Vertrieb

1. Dienstleistungsqualität:

Als Dienstleistungsqualität bezeichnet man in der Betriebswirtschaftslehre den Grad der Zielerreichung einer Beauftragung von Dienstleistungen.

Dabei unterscheidet man zwei Arten von Qualitäten.

1. Objektive Dienstleistungsqualität
2. Subjektive Dienstleistungsqualität

Zu 1. **Die objektive Dienstleistungsqualität** ist die konkret messbare Übereinstimmung des Ergebnisses mit dem vorab definierten Auftrag. Dies hängt natürlich stark mit der Genauigkeit der Definition des Ziels bei der Auftragsvergabe zusammen. Es gilt die Regel: Je ungenauer diese Definition, umso größer der Ärger nachher.

Zu2. **Die subjektive Dienstleistungsqualität** ist die vom Auftraggeber empfundene Übereinstimmung der Leistung im Vergleich zum Auftrag. Diese Subjektivität mitzubestimmen ist eine weitere Aufgabe des Vertriebes und/ oder der operativen Einheit der Leistungserbringung (Techniker, Berater, Reinigungskraft usw.).

Spitzenleistung im Vertrieb

Grundsätzlich kann sich die Qualität auf drei Faktoren auswirken.

a) Das Dienstleistungspotential
b) Den Dienstleistungsprozess und
c) Das Dienstleistungsergebnis

Das Potential beschreibt dabei die Möglichkeiten der Qualitätsvarianzen (z.B. Ausbildungsgrad und Qualifikation des Dienstleisters.) So kann die Qualität einer Beratung sehr stark variieren, je nachdem welchen Erfahrungsschatz der Berater aus dem bearbeiteten Bereich mitbringt.

Der Dienstleistungsprozess kann z.B. unterschiedlich bzgl. der Schnelligkeit für den Kunden sein.
Beispiel: Die Schnelligkeit der Durchführung der Dienstleistung, Reinigungskräfte, Beratungsgeschwindigkeit bei der Lösungssuche o.ä.)

Weiterhin kann es wichtig sein, welchen Knowhow-Gewinn der Kunden innerhalb des Beratungsprozesses erzielt. So kann nach einem erfolgreichen „Erstprojekt" der Kunde gleiche oder ähnliche Projekte in Zukunft selbst durchführen.

Das Dienstleistungsergebnis dürfte mit den Hinweisen zu Anfang bereits besprochen sein.

Da die subjektiven Einflüsse bei der Beurteilung der Serviceleistungen, sehr starkes Übergewicht haben, befassen wir uns damit noch etwas näher:

Spitzenleistung im Vertrieb

Die objektiven Meßverfahren zur Bewertung der von Dienstleistungen sind vielfältig und würden den Rahmen dieser Vorlesung sprengen. Weitaus schwieriger sind die subjektiven Kriterien, denen wir uns jetzt widmen.

Folgende Kriterien können hier eine Rolle spielen:

- Empfundene Kompetenz
- Höflichkeit/ Freundlichkeit des Personals
- Glaubwürdigkeit
- Sicherheit
- Ansprechfreundlichkeit (Bequemlichkeit bei der Kontaktaufnahme)
- Kommunikationsfähigkeit
- Zuverlässigkeit
- Kulanz
- Individuelle Betreuung
- u.v.m.

Diese Aufzählung kann nicht vollständig sein, da selbst für die gewählten Begriffe keine einheitliche Definition vorliegt. D.h. es besteht hier bereits ein unterschiedliches Verständnis zwischen Anbieter und Nachfrager. Um dieses Problem zu lösen, gibt es aus dem Qualitätsmanagement stammend, das sogenannte GAP Modell.

Spitzenleistung im Vertrieb

2. Die Gap Analyse:

Die Begründer dieses Modell Zeithammel, Parasuraman und Berry beschreiben, welche möglichen Abweichungen (Gaps= Lücken) in der Wahrnehmung zwischen Kunden und Anbieter bestehen können. Diese gilt es dann im Verlaufe der Qualitätsverbesserung zu optimieren. Dabei ist grundsätzlich zu beachten, dass die Vorstellungen und Erwartungen von beiden Parteien unterschiedlich gesehen werden können. Wir sprechen in diesem Zusammenhang gerne vom „Inseldenken".

Soll heißen, da jedes Individuum und jede Institution verschiedene Wahrnehmungen und Einschätzungen hat, ist auch die Einigung auf eine gemeinsame Leistungserbringung recht unterschiedlich. Selbst wenn beide Parteien mit gutem Willen und ohne Eigeninteressen an die Vertragsgestaltung geht, gibt es aus individueller Sicht immer Unterschiede. Dies ist ein zutiefst menschliches Problem, dass sich bei zusätzlichen unterschiedlichen Interessenlagen noch verschärfen kann. Daher ist es von entscheidender Bedeutung immer mit der Prämisse im Hinterkopf zu starten, dass es unterschiedliche Auffassungen geben kann. Daher sollte im Einigungsprozess für einen Auftrag, möglichst detailliert über die Art der Leistungserbringung verhandelt werden.

Hier die möglichen Lücken (Gaps), die im Nachgang zu einem Auftrag sehr schmerzlich und teuer werden können.

Spitzenleistung im Vertrieb

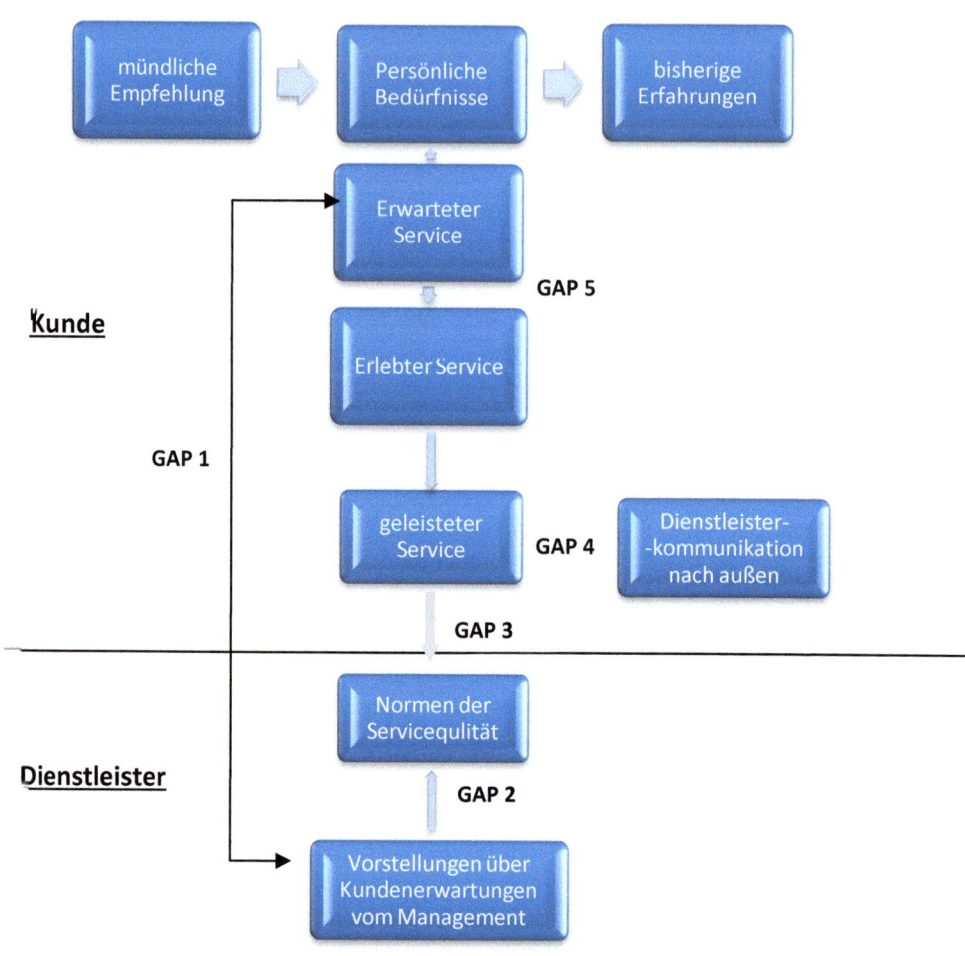

Abb. 10: Gapanalyse

Spitzenleistung im Vertrieb

Zu den einzelnen Gaps:

1. Wahrnehmungslücke
2. Entwicklungslücke
3. Leistungslücke
4. Kommunikationslücke
5. Kundenlücke

Zu 1.

Die Wahrnehmungslücke entsteht durch eine verfälschte Wahrnehmung bzw. Fehlinterpretation der Erwartungen des Kunden. Dies kann an mangelndem Kundenmanagement oder an schlechter Kommunikation liegen. Weiterhin ist eventuell die Marktforschung unzulänglich.

Zu 2.

Die Entwicklungslücke bezeichnet die Lücke zwischen der Wahrnehmung der Kundenerwartungen und der meist schriftlichen Spezifikation zur Leistungserbringung durch den Dienstleister.

Zu 3.

Die Leistungslücke entsteht bei der mangelhaften Umsetzung der Leistungserbringung aus den Spezifikationen durch die durchführenden Personen. Da es hier auch um die Mitarbeit des Kunden gehen kann, ist diese Lücke ebenfalls problematisch.

Spitzenleistung im Vertrieb

Zu 4.

<u>Die Kommunikationslücke</u> bezieht sich auf die mangelnde Kommunikation der Leistungserbringung gegenüber dem Kunden. Hier spielt das „ Inseldenken" eine besondere Rolle, da häufig, das was gesagt wird. Nicht immer das ist was gemeint war.

Zu 5.

<u>Die Kundenlücke</u> entsteht, wenn die vom Kunden wahrgenommene Leistung mit der erbrachten Leistung nicht übereinstimmt. Was an der Wahrnehmung oder an der tatsächlichen Leistungserbringung liegen kann.

Zusammenfassend lässt sich feststellen, dass im Dienstleistungssektor gerade die Qualität und der Wert der Dienstleistung explizit dargestellt und hervorgehoben werden muss, um dem Kunden diese realistisch klarzumachen. Daher kommt dem Vertrieb als weitere Aufgabe, die Beweisführung und die korrekte Kommunikation der erbrachten Leistung, sowie die Wiederholbarkeit dieser Leistung hinzu. Dies geschieht sehr häufig über die direkte Kommunikation.

Hier spielt sicher der Faktor Mensch eine besondere Rolle.

Diesem wichtigen Faktor widmen wir uns jetzt.

VII. Die Verkäuferpersönlichkeit als Erfolgsfaktor im Vertrieb:

Die zuvor geschilderten Zusammenhänge machen recht deutlich, dass dem „Faktor Mensch" im Vertrieb eine wichtige Rolle zukommt. Zum einen geht es um die immer größere Angleichung von Produkten und Dienstleistungen.

Hierbei hat der Mitarbeiter immer stärker die Aufgabe, die Unterschiede oder Vorteile seines Angebots, gegenüber den Wettbewerbsangeboten herauszustellen. Auf der anderen Seite ist gerade seine Beziehung zum Kunden, vielleicht das wichtigste Unterscheidungsmerkmal seines Angebotes. In beiden Fällen kommt also der Person des Vertriebsmitarbeiters eine außerordentlich wichtige Rolle zu.

Deshalb unterteilen wir das nächste Kapitel in drei Abschnitte.

In einem ersten Abschnitt beschäftigen wir uns mit dem Verkäufer und der Frage: Was macht einen guten Verkäufer/Berater aus? In einem zweiten Abschnitt schauen wir uns den Kunden an und erhalten einige Einsichten in die menschliche Psyche und wenden uns im dritten Abschnitt der Verkaufssituation an sich zu. Dort lernen wir bestimmt Techniken kennen, deren professioneller Einsatz maßgeblich zum Erfolg eines Unternehmens beitragen kann.

Spitzenleistung im Vertrieb

Dazu ist es allerdings immer wichtig, dass die richtige Person diese Techniken anwenden kann.

1. Der Verkäufer/ Berater:

Es existieren viele Studien und Recherchen zu der Frage. Welche Faktoren unterscheiden den erfolgreichen- vom erfolglosen Vertriebsmitarbeiter.

Dabei lassen sich drei Aspekte unterscheiden:

(siehe Homburg/Schäfer Schneider 2012)

a) Persönlichkeitsmerkmale
b) Sozialkompetenz
c) Fachkompetenz

Spitzenleistung im Vertrieb

Schauen wir uns diese Aspekte etwas näher an.

1. Persönlichkeitsmerkmale:

Als Persönlichkeitsmerkmale versteht man die relativ stabil auftretenden Eigenschaften einer Person, die sich hier im Vertrieb positiv auswirken. Dabei unterscheidet man 4 Haupteigenschaften:

- Kontaktfreudigkeit
- Optimismus
- Einfühlungsvermögen
- Selbstwertgefühl

Unter Kontaktfreudigkeit wird allgemein die Fähigkeit verstanden, mit anderen Menschen gerne zusammen zu sein und mit Ihnen zu kommunizieren. Kontaktfreudigkeit bedeutet gleichzeitig, den Kontakt zu anderen Menschen als angenehm zu empfinden und weiterhin auch aktiv diesen Kontakt zu suchen. Diese natürliche Tendenz sollte bei Vertriebsmitarbeitern grundsätzlich vorhanden sein. Die Praxis zeigt manchmal (vielleicht sogar zu häufig) ein anderes Bild.

Eine optimistische Grundhaltung ist ebenfalls ein wichtiger Erfolgsschlüssel. Dies wird in vielerlei Hinsicht benötigt. Sei es bei der Neukundenansprache, wo es häufig zu ängstlicher Vorgehensweise kommt. Sei es bei etwas „schwierigeren Kunden", die mit Ihren Einwänden und Reklamationen auch einen starken negativen Einfluss ausüben können. Sei es bei eventuelle langen "Durststrecken", d.h. längeren Phasen, die **noch** keinen Erfolg mit sich führen. Hier ist ein gewisser Optimismus in Hinblick auf eine bessere, zukünftige Entwicklung nützlich. Dabei geht es nicht um die realitätsfremde Sicht, die dann mit extremer Selbstüberschätzung einhergehen kann, sondern um den sogenannten gesunden, realistischen Optimismus.

Spitzenleistung im Vertrieb

Das Wort Einfühlungsvermögen wird auch häufig mit dem Begriff der Empathie belegt. Damit ist die Fähigkeit gemeint sich in die Lage des Gegenübers versetzen zu können. Es geht darum die Perspektive und die Situation des Anderen zu verstehen und mit diesem Gefühl/Wissen eine entsprechende Lösung anzubieten. Dazu zählt u.a. auch die Fähigkeit zuhören zu können.

Das Selbstwertgefühl ist der Aspekt, der großen Einfluss auf die Überzeugungskraft und das Auftreten des Vertriebsmitarbeiters hat. Wenn die Überzeugung der eigenen Leistungsfähigkeit vorhanden ist, besteht überhaupt erst die Chance dies auch überzeugend zu präsentieren. Zusätzlich hilft ein gesundes Selbstwertgefühl, genau wie der Optimismus, bei schwierigeren Situationen motiviert und engagiert zu bleiben.

2. Soziale Kompetenz:

Der Begriff der Sozialkompetenz ist weit verbreitet und wird wohl in Zukunft eine noch größere Rolle im vertrieblichen Zusammenhang spielen. Warum?

Erstens ist gerade die soziale Kompetenz ein Unterscheidungsmerkmal im Angebot des Unternehmens. Die Beziehung zum Kunden und der Prozess in dem Geschäfte abgewickelt werden, stellen ein wesentliches Qualitätsmerkmal dar.

Zweitens ist die soziale Interaktion mit dem Kunden manchmal wichtiger als das Produkt/ Dienstleistung selbst. D.h. sogar bei Problemen oder Mängeln im Produkt oder der Dienstleistung, übertrumpft eine gute Kundenbeziehung diesen Mangel. Sie verhindert somit die Gefahr z.B. der Abwanderung des Kunden.

Drittens lässt sich mit hoher sozialer Kompetenz, die Informationsgewinnung am Markt oder direkt beim Kunden, sehr viel leichter und umfassender realisieren. Der Kunde spricht eben ungern mit einem unfreundlichen und verschlossenen Mitarbeiter.

Spitzenleistung im Vertrieb

Viertens wirkt sich eine gute soziale Kompetenz auch intern im Vertriebsteam aus. Je besser hier die Skills ausgebildet sind, umso besser arbeitet das Team zusammen. Der Bereich der Sozialkompetenz hat ebenfalls 4 Aspekte, die wir uns kurz anschauen.

- Kommunikations-, Wahrnehmungsfähigkeit
- Freundlichkeit
- Flexibilität
- Teamfähigkeit

Die Kommunikations- und Wahrnehmungsfähigkeit ist eine wichtige Komponente der Sozialkompetenz. Bei der Kommunikation unterscheidet man noch zwischen verbaler- und nonverbaler Kommunikation. Bei der Wahrnehmungsfähigkeit geht es um einen, von außen betrachtet, eher passiven Faktor. Verbale Kommunikation sollte einfach, klar und verständlich sein. Dabei kommt dem Fragen und zuhören eine besondere Rolle zu.

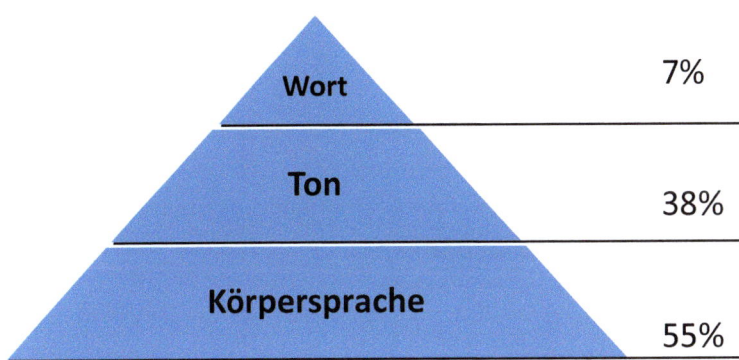

Spitzenleistung im Vertrieb

Der professionelle Fragesteller kann besser Informationen sammeln, die Interessen des Kunden ermitteln, den Bedarf abklären, die Reduktion von Missverständnissen gewährleisten und auch den Vertragsabschluss positiver gestalten.

Hier kommt das Modell von Sender und Empfänger ins Spiel.

Kurze Erläuterung zum VIER OHREN MODELL Schulz von Thun:

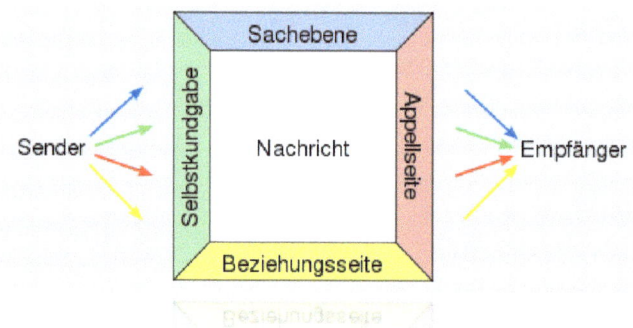

Abb. 11 Das Vier-Ohren-Modell von Schulz von Thun

Viel entscheidender ist allerdings die nonverbale Kommunikation, da hier ein wesentlich größerer Anteil auf die Kommunikation fällt.

Spitzenleistung im Vertrieb

Paul Watzlawik prägte den Spruch:

„**Man kann nicht nicht kommunizieren.**"

Die nonverbale Kommunikation beinhaltet drei große Aspekte:

- Gestik
- Mimik
- Körpersprache

Diese drei Aspekte bestimmen wesentlich den Eindruck und die Präsentation, sowohl des Verkäufers/ Beraters selbst, als auch des besprochenen Inhaltes.

Dabei sind Faktoren zu berücksichtigen wie etwa:

- Augenkontakt – z.B. zeitliche Dauer und Intensität
- Körperhaltung – z.B. Arme, Beinhaltung, Bewegungen
- Gesicht und auch die Kleidung.

Die Wahrnehmungsfähigkeit bezieht sich auf all diese Faktoren auf Kundenseite. D.h. der Vertriebsmitarbeiter beobachtet diese Faktoren und Aspekte beim Kunden und kann daraus Signale sprich Informationen ziehen.

Freundlichkeit lässt sich sowohl verbal als auch nonverbal ausdrücken. Dabei kommt dem Faktor „Lächeln" nochmals eine besondere Bedeutung zu. Nichts zeigt schneller Sympathie und Freundlichkeit, als ein sympathisches Lächeln.

Flexibilität ist ebenfalls ein wichtiger Faktor im menschlichen Zusammensein gibt es viele verschiedene Facetten und Klassifizierungen von Menschentypen, die jeweils unterschiedlich agieren und reagieren.

Spitzenleistung im Vertrieb

Der Vertriebsmitarbeiter sollte sich auf diese Unterschiede einstellen und entsprechend reagieren können, damit die Kundenbeziehung auf der „gleichen Wellenlänge" funktionieren kann. (Stichwort; DISG- Analyse)

Mit dem Begriff **der Teamfähigkeit** geht es nun um einen eher internen Aspekt. Da die Bedeutung des „Team Selling" immer größer wirkt, ist auch ein optimales Zusammenspiel der einzelnen Selling Mitglieder wichtig. Die Kritikfähigkeit und die Integrationsfähigkeit sind hier zwei wichtige Schlagworte.

3. Die Fachkompetenz.

Die Fachkompetenz bildet die Grundlage für den Vertriebserfolg. Hierbei geht es allerdings um zahlreiche Einzelfaktoren. Diese Faktoren sind im Einzelnen:

- Produkt-/ Servicekenntnis
- Kundenkenntnis
- Marktkenntnis
- Betriebswirtschaftliche Kenntnis
- Verkaufsprozessbezogene Fähigkeiten und nicht zu vergessen
- Selbstorganisation

Spitzenleistung im Vertrieb

Der Vertriebsmitarbeiter sollten genaue Produktkenntnisse besitzen und sich mit den Vorteilen und Features des eigenen Produktportfolios auskennen. Darüber hinaus ist die Kenntnis über die Wettbewerbsprodukte ebenfalls von großer Bedeutung.

Die Kenntnis über den Kunden sollte möglichst umfangreich sein. D.h. vertriebsrelevante Daten, Zahlen und Fakten sollten bekannt sein oder in Erfahrung gebracht werden, um sich ein umfassendes Bild vom Kunden zu machen und adäquate Lösungen anbieten zu können.

Das Wissen über den eigenen Markt bringt den Mitarbeiter dazu, realistische Einschätzungen und Szenarien zu entwickeln, wie gut in welchem Bereich, Verkaufschancen zu realisieren sind. Zusätzlich ist eine gewisse Marktkenntnis über die Kundenmärkte ein großer Vorteil, um entsprechende Angebote machen zu können oder diese zu entwickeln.

Das Know-How auf betriebswirtschaftlicher Ebene, verhilft dem Vertriebsmitarbeiter zur Abschätzung von Kosten- und Ertragsstrukturen. Weiterhin unterstützt es bei der grundsätzlichen Kalkulation und der Angebotserstellung. Gleichzeitig wird so ein gewisses Verständnis für das eigen Verhalten erzeugt. Nur so lässt sich aufzeigen, was es bedeutet, dem Kunden gewisse Rabatte oder andere Zugeständnisse zu machen und wie sich diese auf die interne Kostenstruktur auswirkt. Weiterhin helfen diese Kenntnisse bei der Identifizierung der „richtigen Kunden".

Spitzenleistung im Vertrieb

Unter dem Begriff der <u>verkaufsprozessbezogenen</u> <u>Fähigkeiten</u> fassen wir alle Aspekte zusammen, die sich mit dem Verkaufsprozess in Verbindung bringen lassen.

Dazu muss ein Verkaufsprozess erst einmal definiert sein. Danach sollte der Vertriebsmitarbeiter den Verkaufsprozess <u>initiieren</u> können. Er sollte diesen Prozess dann <u>gestalten</u> und <u>entwickeln</u> können und diesen natürlich auch <u>zum Abschluss bringen</u> können. Denn das ist immer noch das Hauptziel der Vertriebsarbeit.

Dabei spielen einige Begriffe eine entscheidende Rolle, die wir uns nun anschauen werden:

- Kundenmotiv
- Kundennutzen
- Kundentypen

Das <u>Kundenmotiv</u> stellt ein Schlüsselelement im Verkaufsprozess dar.

Das Motiv (lateinisch: motivum=Beweggrund oder Antrieb) beschreibt die Gründe, warum ein Kunde das Produkt oder die Dienstleistung erwerben möchte.

Diese Definition zeigt bereits, dass die Gründe höchst individuell und höchst komplex sein können. Für den Vertriebsmitarbeiter stellt sich hier die Aufgabe eine möglichst optimale Liste an Interessen und Kundenmotiven zu finden, um diese im Verlaufe des Gesamtprozesses zu nutzen.

Spitzenleistung im Vertrieb

Ein gutes Mittel zur Ermittlung dieser Informationen stellt die Befragung dar. Es gibt einen ganze Reihe von Möglichkeiten, Fragen zu stellen.

Wichtig für den Vertriebsmitarbeiter ist es, im Verlaufe der Kundenbeziehung seine Fragetechnik zu verfeinert,

um an die entsprechenden Motive des Kunden zu gelangen. Häufig tritt auch der Fall auf, dass diese Gründe dem Kunden selbst nicht sofort bewusst sind. Auch an dieser Stelle ist eine professionelle Fragetechnik vonnöten.

Die der folgenden Abbildung zeigen sich einige Hauptkategorien von Motiven:

1. Profit, Gewinnstreben, Zeit gewinnen, Geld sparen
2. Sicherheit, Selbsterhaltung, Gesundheit, Risikofreiheit
3. Komfort, Bequemlichkeit, Ästhetik, Schönheitssinn
4. Ansehen, Stolz, Prestige, "in" sein
5. Freude, Vergnügen, Sympathie, Großzügigkeit

(aus: U. Saxer. Bei Anruf Erfolg:)

Spitzenleistung im Vertrieb

Die **Kundennutzen** stellen nun die Argumentation der Kundenmotive auf seine spezielle Situation dar. Die Aufgabe für den Vertriebsmitarbeiter besteht darin, auf Grundlage der bekannten Motive, die entsprechenden Nutzenargumente zu formulieren. Dabei geht es nicht ausschließlich um rationale Gründe, die sich durch Zahlen, Daten, Fakten belegen lassen, sondern ebenfalls um emotionale Argumente, da der Mensch nicht ausschließlich rational kauft

Es gilt folgender Merksatz:

> -Der Mensch entscheidet emotional und begründet seine Entscheidung danach rational.-

4 Kundentypisierung

Zur Kategorisierung der **Kundentypen** gibt es verschiedenste Modelle und Konzepte. Eines der bekanntesten dürfte das Insights-Modell darstellen. (F. Scheelen: -So gewinnen Sie jeden Kunden-, 2001, Scheelen Institut).

Danach lassen sich Menschen in vier Hauptkategorien unterscheiden, die in folgenden Schritten dann weitere Verfeinerungen enthält.

Die vier Typen sind:

D= dominant,   **I** =initiativ

S= stetig   **G**= gewissenhaft.

Hier einige Anhaltspunkte, wie die einzelnen Typen einzuordnen **sind.**

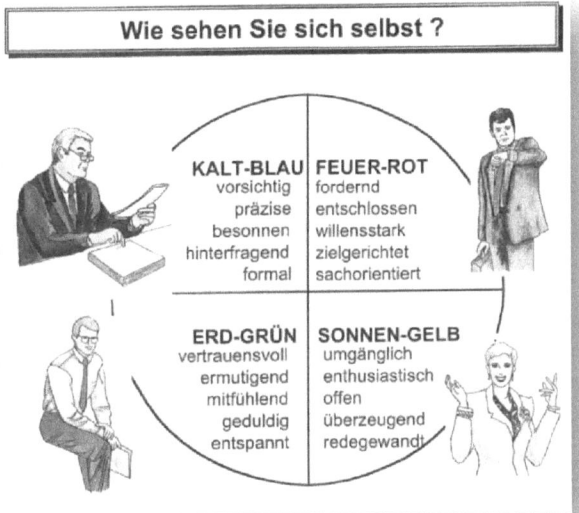

(aus: Schellen, F.: So gewinnen Sie jeden Kunden, 2001)

Spitzenleistung im Vertrieb

Mindestens genauso spannend wie die Frage:

Wie sehe ich mich selbst....

...ist dann die Frage:

Wie sehen andere Menschen mich?

Genauer betrachtet ist dies im Verkaufsprozess sogar noch wesentlicher.

(aus: Schellen, F.: So gewinnen Sie jeden Kunden, 2001)

Spitzenleistung im Vertrieb

VIII. Das Verkaufsgespräch:

Das Verkaufsgespräch ist eine der entscheidendste Variablen innerhalb des Verkaufsprozesses. Denn hier besteht direkter Kontakt zum Kunden, was gerade im Dienstleistungssektor entscheidend sein kann.

Hier nun ein allgemeines Phasenschema: Die sog. **BIBAA Formel**.

B= steht für Begrüßung. So simpel diese Phase erscheint, so wichtig ist Sie für den gesamten Verlauf des Gespräches. Dabei geht es um Augenkontakt, Händedruck, Freundlichkeit und Beziehungsaufbau.

I= steht für Interessewecker. Hier sollte es darum gehen, dem Kunden das Gespräch zu „verkaufen". D.h. sobald das Interesse besteht, besitzt der Kunde eine offene Erwartungshaltung und hat die Motivation am Gespräch aktiv teilzunehmen, was für die folgende Phase entscheidend ist.

B= steht für Bedarfsermittlung. Die Bedarfsermittlung ist im Grunde genommen der Hauptfrageteil. Hier sollte der Vertriebsmitarbeiter die Informationen erhalten, die er für seine spätere Präsentation benötigt.

A= steht für Angebotserstellung oder Präsentation. Jetzt ist es an der Zeit sein Produkt oder seine Dienstleistungen zu präsentieren. Dabei ist es wichtig, die Präsentation auf die entsprechenden Kundennutzen auszurichten, um das Produkt/ Dienstleistung aus Kundensicht ins rechte Licht zu rücken.

A=steht für Abschlussphase: Das bedeutet, dass es nun zum Abschluss des Gespräches kommen wird. Es geht hier immer um den Abschluss. Selbst bei einer mehrstufigen Entscheidungssituation oder mehreren Gesprächen, das Ziel eines jeden Gespräches ist immer der <u>Abschluss</u>. Entweder ist es der Geschäftsabschluss oder die abschließende Vereinbarung der nächsten Schritte.

Spitzenleistung im Vertrieb

Die Einwandbehandlung:

An fast jeder Stelle des Gespräches ist es möglich, dass der Kunde mit Einwänden kommt. Unter einem Einwand versteht man alle Arten von Problemen, Kritik, Zweifel oder sonstige Gründe, die den Kunden vom Kauf abhalten. Diese Gründe zu erkennen und entsprechende Lösungen bereit zuhalten, ist eine weitere Hauptaufgabe des Vertriebsmitarbeiters. Gerade an dieser Stelle unterscheidet sich der „Profi" vom „Durchschnitt". Denn ein Einwand, kann schnell als persönlicher Angriff auf die eigene Persönlichkeit missverstanden werden. Hier ist es also sehr wichtig, nicht emotional oder allgemeiner gesagt, falsch zu reagieren. Sondern rational und sachlich, um erstens den wirklichen Einwand zu identifizieren und zweitens diesen dann entsprechend aus dem Weg zu räumen. Die Unterscheidung zwischen Einwand und Vorwand ist sehr entscheidend und führt häufig zu Misserfolg. Auch hier unterscheidet sich der „Profi" darin, dass er vor jeder Antwort, erst einmal unterscheidet und später nur die echten Einwände behandelt. Viele Verkäufer verbringen zu viel Zeit bei den falschen Problemen (den Vorwänden) und gehen dann ohne Auftrag aus dem Gespräch. Der Profi findet die echten Einwände und räumt geschickt diese Probleme aus der Welt. Wie vorher bereits erwähnt ist eine durchdachte Strategie, wie beim Verkaufsgespräch an sich, die Grundlage für den Erfolg. Wenn Sie das Thema interessiert, dann holen Sie sich professionelle Unterstützung: **www.eusera.de**

Die Feedbackfrage: Habe ich damit Ihre Frage beantwortet? Oder

Ist damit Ihr Zweifel ausgeräumt? Oder

Ist die Sache damit vom Tisch? Sind Fragen, die helfen bestehende Einwände wirklich ausgeräumt zu haben.

Spitzenleistung im Vertrieb

Merksatz:

„Der Kunde ist der Einzige, der einen Einwand vom Tisch nehmen kann."

IX. Die Personalentwicklung im Vertrieb:

Kommen wir zum letzten Kapitel. Die Personalentwicklung sollte in jedem Unternehmen eine wichtige Rolle spielen. Speziell im Dienstleistungssektor sind die Kompetenzen und die Entwicklung zusätzlichen Fähigkeiten und zusätzlichem Know-Hows von wettbewerbsentscheidender Bedeutung. Im Rahmen dieses Buches werden wir nur kurz darauf eingehen, da das Thema einen größeren Rahmen verdient. Es gibt heute für alle drei Aspekte des Vertriebserfolges, nämlich <u>Persönlichkeitsmerkmale</u>, <u>soziale Kompetenz</u> und <u>fachliche Kompetenzen</u>, unzählige Programme, Konzepte und Systeme. n der Diskussion geht es häufig um die Streitfrage. Sind bestimmte Skills, wie etwa Persönlichkeitsmerkmale oder soziale Kompetenzen, tatsächlich erlernbar?

Es lässt sich wissenschaftlich sicher noch kein abschließendes Urteil bilden. Fest steht allerdings, dass viele Aspekte aus anderen Forschungsgebieten z.B. der Hirnforschung, der Psychologie mit seinen benachbarten Forschungsgebieten oder auch der Wirtschaftswissenschaften, fast jeden Tag neue Erkenntnisse hervorbringt, die schon darauf hindeuten, dass tatsächlich alle Aspekte erlernbar sind. Vielleicht nur zu einem gewissen Teil, doch durchaus signifikant. Es ist in jedem Fall sicher sinnvoll, die Weiterbildung und die Kompetenzentwicklung jedes Mitarbeiters zu optimieren.

Spitzenleistung im Vertrieb

Grundsätzlich sollte Personalentwicklung immer mit einer IST- Analyse beginnen. Es gibt dazu unzählige Analysetools, um die entsprechenden Profile zu erheben und gegebenenfalls die Lücken des Mitarbeiters aufzudecken und entsprechende Qualifizierungsprogramme zu identifizieren. Danach gilt es die richtigen Entwicklungsprogramme auszusuchen und durchzuführen. Eine Evaluation der Maßnahme rundet den Entwicklungsprozess optimalerweise ab. Dabei ist es sinnvoll, mit gezielter und mittelfristiger Planung die Mitarbeiterentwicklung voranzutreiben. Es gibt viele Beispiele, die zeigen, dass solche gezielten und geplanten Mitarbeiterentwicklungen zu signifikanten Wettbewerbsvorteile geführt haben.

Bloße Weiterbildungen, die rein situativ durchgeführt werden, sind aus vielen Gründen nicht sinnvoll.

Gerade aus Sicht einer professionellen und nachhaltigen Personalpolitik, sollte der kontinuierliche Aufbau der Kompetenzen der Mitarbeiter/Innen vorangetrieben werden. Im Vertrieb sind die Erfolge eines solchen Vorgehens am schnellsten zu beobachten, da hier direkte Cash-Auswirkungen vorhanden sind.

Speziell im Bereich Evaluation steckt der Vertrieb, aus unserer Sicht, noch in den Kinderschuhen, obwohl die Ergebnisse hier direkt sichtbar sind. Es ist interessant zu beobachten, dass im Vertrieb viel über Zahlen, Budgets und Ziele gesprochen wird. Die Auswirkungen eines Entwicklungsprogramms allerdings kaum nachgehalten wird.

1. Verkäufertypologie:

So wie es Kundentypen gibt, unterscheidet man auch vier grundlegende Verkäufertypen. Diese Typologie gilt als grobes Raster. Doch bereits diese Darstellung gibt erste Hinweise auf den Entwicklungsbedarf dieser Typen.

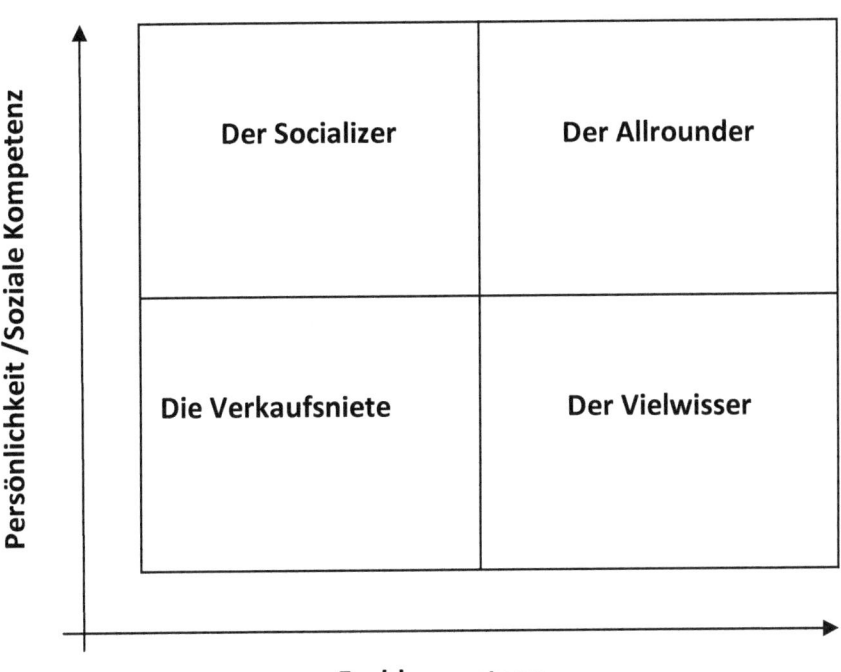

Abb. 12 Verkäufertypologie

Im Folgenden nochmals die Kernelemente der Personalentwicklung im Überblick:

Spitzenleistung im Vertrieb

2. Kernelemente der Personalentwicklung:

1. Bedarfsermittlung

2. Entwicklungsprogramme
   (Intern/extern/on the job/ off the job)

3. Gestaltung / Durchführung

4. Evaluierung

Möglichkeiten der Weiterentwicklung der Mitarbeiter/Innen: intern, extern, on the Job, off the Job

Maßnahmen u.a. Jobenlargement, Jobenrichment, Jobrotation

Um noch kurz die drei Maßnahmen zu erläutern.

<u>Jobenlargement</u> bedeutet eine Erweiterung des Aufgabenniveaus in horizontaler Richtung. D.h. es gibt mehr Aufgaben auf demselben Niveau. Beispiel: Erweiterung des Gebietes, also mehr Kunden

<u>Jobenrichment</u> bedeutet Bereicherung des Aufgabenniveaus in vertikaler Richtung. Also es werden Aufgaben der vor- oder nachgelagerten Stufe integriert. Beispiel: Früher wurde nur präsentiert und heute wird das Angebot selbst geschrieben.

<u>Jobrotation</u> bedeutet die Ausübung verschiedenster Tätigkeiten innerhalb des Unternehmens. Beispiel: Außendienst und Innendienst werden durchlaufen.

Spitzenleistung im Vertrieb

X. Fazit:

Dieser Einblick in das Vertriebsmanagement sollte zeigen, wie vielfältig und komplex das Thema insgesamt ist. Diese Komplexität kann von den Akteuren als Problem oder als Chance gesehen werden. Der aktuelle Stand in der Praxis lässt den Schluss zu, dass es noch unendlich großen Entwicklungsbedarf gibt. Das bedeutet auf der einen Seite eine große Herausforderung für das eigene Unternehmen, um die verschiedenen Schwerpunkte professionell zu bearbeiten. Es bedeutet aber auch, auf der anderen Seiten, dass ein Unternehmen, das seine Anstrengungen in dieses Aktivitätenfeld steckt, sehr häufig einen immensen Wettbewerbsvorsprung erarbeiten kann.

Die Steigerung der Professionalität, speziell im Vertrieb, wird sich weiter verstärken, gemäß dem Motto: „Wer nicht mit der Zeit geht, geht mit der Zeit."

Vielleicht kennen Sie das Zitat:

" Ein Unternehmen lebt nicht von dem was es produziert, sondern von dem was es verkauft."

Wer also dieser Kernbereich professionell bearbeitet und steuert, gehört auch auf lange Sicht zu den Gewinnern seines Marktes.

Ein solcher Wettbewerbsvorsprung lässt sich, bei einer ständigen Beschäftigung und der kontinuierlichen Verbesserung, für den Wettbewerb sehr schlecht aufholen. Ein solches Alleinstellungsmerkmal hat das Zeug zum Erfolgsgaranten über Jahre hinweg. Lohnt es sich also auch für Sie?

XI. Literaturverzeichnis

- Hofbauer, Hellwig: Professionelles Vertriebsmanagement
  2. Auflage 2012
- Fornahl: Abschlusstechniken im Verkauf, 1. Auflage 2000
- Henn, H.(2007): Mit Systematik zum Vertriebserfolg, in: salesBusiness, September 2007
- Weis: Modernes Marketing für Studium und Praxis,
  7. Auflage 2010
- Scheelen, F.: So gewinnen Sie jeden Kunden, 3. Auflage 2001
- Homburg, Ch./Bruhn, M. (1998): Kundenbindungsmanagement Eine Einführung in die theoretischen und praktischen Problemstellungen, in Bruhn, M./Homburg, Ch. (Hrsg.) (1998): Handbuch Kundenbindungsmanagement, Wiesbaden 1998,
  S. 3-35
- Homburg, Ch./Schäfer, H./Schneider, J. (2002): Sales Excellence: Vertriebsmanagement mit System, 2. Auflage, Wiesbaden 2012
- Backhaus, K. (1999): Industriegütermarketing, 6. Überarbeitete Auflage, München 1999
- Vahs, D. (2001): Organisation: Einführung in die Organisationstheorie und – praxis, 3. Aufl. Stuttgart 2001
- Winkelmann, P. (2008a): Vertriebskonzeption und Vertriebssteuerung. Die Instrumente des integrierten Kundenmanagements (CRM), 4. Aufl. München 2012
- Schnappauf, R.A. (1997): Verkaufspraxis, 3. Auflage, Landsberg/Lech 1997
- Bilder aus Pixabay (www.pixabay.com), eigene Darstellungen

Spitzenleistung im Vertrieb

XII. Kurzbiographie

Hans-Gerd Mazur, geboren 1964, CEO, Consultant, Trainer und Coach für Unternehmen und Unternehmer. Er studierte Wirtschaftswissenschaften mit dem Abschluss Diplom Ökonom. Qualitätsmanagement Auditor, Fachjournalist, Autor und Co Autor zahlreicher Fachartikel.

Themen:

- High Performance für High Potentials
- Die 5 Dimensionen für echten Unternehmenserfolg
- Der erfolgreiche Weg zum Kunden

»Wäre alles wunschgemäß gelaufen, wäre ich Fußballprofi geworden…,« doch im Alter von 15 Jahren haben gesundheitliche und private Schicksalsschläge zum Umdenken angeregt. Nach dem Studium gründete er, zusammen mit seiner späteren Frau Kerstin, die Beratung für erfolgreiche Unternehmensführung „Eusera GmbH". Innerhalb der letzten 2 Jahrzehnte waren so manche Höhen und Tiefen zu meistern, die mit viel Engagement und wirksamen Erkenntnissen zum Erfolg führten. Heute ist er mit seinem Team von Beratern und Kooperationspartnern als „Wertschöpfer" unterwegs. Mit dem speziell entwickelten 5-Dimensionen-Konzept arbeitet er in den Bereichen Strategie, Prozesse, Organisation, Steuerung und Performance.

»Erfolg durch Erfahrung« ist das Firmenmotto.

Spitzenleistung im Vertrieb

Als Marketing- und Vertriebsexperte sorgt Herr Mazur bei seinen Klienten nachweißlich für wertschöpfenden Output, der sich schnell in Umsatz und Gewinn wiederspiegelt.

Zusätzlich arbeitet er als Lehrbeauftragter an Hochschulen und Universitäten, um den zukünftigen Führungskräften sein Know-How zur Verfügung zu stellen.

Außer seinen Zertifikaten und Abschlüssen bekam Herr Mazur u.a. das Platin - Siegel für über Tausend zufriedene Teilnehmer mit der Bewertungsnote hervorragend und sehr gut.

Referenzen und Kundenstimmen

»Wir arbeiten mit Herrn Mazur seit über 9 Jahren zusammen und können ihn wärmstens weiterempfehlen.«

»Herr Mazur bietet Know-how auf sehr hohem Niveau und auf unterhaltsame Weise ...«

»... sehr kurzweilig und individuell.«

»Wir werden Herrn Mazur für unser gesamtes Team buchen.«

»... ohne Herrn Mazur wäre unser Erfolg sicherlich nicht in dieser Weise zustande gekommen. Vielen Dank.«

Veröffentlichungen u.a.: